Cadeau de ma
poupie
23 MARS 2005

Jean

BIÈRES DU MONDE

BIÈRES DU MONDE

Le guide
de la bière,
du brassage
à la dégustation

par Josh Leventhal

KÖNEMANN

Titre original : *Beer Lover's Companion*

1999 Édition française adaptée
publiée par
Könemann Verlagsgesellschaft mbH
Bonner Str. 126, D-50968 Cologne
avec l'aimable autorisation de Black Dog & Leventhal
Publishers, Inc.

Adaptation (Angleterre, Écosse, Pays de Galles, Irlande,
France, Belgique, Luxembourg, Pays-Bas, Allemagne,
Scandinavie, Europe du Sud, États-Unis, Canada) :
R.H. Fischer

Traduction de l'anglais : Hélène Tordo (chapitres I à VI),
Sylvie Garnier (chapitre VII)
Traduction de l'allemand : Sylvie Garnier (chapitre VII,
adaptation)
Mise en pages : Atelier Lauriot Prévost, Paris
Suivi éditorial : Frédérique Barroso
Correction : Cécile Carrion
Fabrication : Ursula Schümer
Impression et reliure : Kossuth Nyomda Printing House
Imprimé en Hongrie

ISBN 3-8290-3497-0

10 9 8 7 6 5 4 3 2 1

SOMMAIRE

PRÉFACE ET REMERCIEMENTS

Il n'y a encore qu'une dizaine d'années, lorsqu'on voulait boire de la bière, il suffisait de choisir entre les brunes et les blondes et on les buvait vite, et en grande quantité, sans se soucier de leurs parfums, de leurs arômes ou de leur texture. Dans les pays où la tradition brassicole remonte à plusieurs siècles, en Angleterre, Belgique ou Allemagne, des bières sans caractère avaient pris la place des ales et des lagers classiques. C'était encore pire aux États-Unis où le choix se limitait aux quelques lagers fades ou allégées des grandes marques comme Budweiser, Miller et Coors qui, avec une poignée de brasseries régionales, dominaient le marché. Aujourd'hui, bien que les lagers légères, de type pilsner, soient toujours les bières les plus consommées sur le globe, et que les multinationales dominent encore le marché, le monde de la bière est en train de vivre une véritable révolution. C'est ainsi que de plus en plus de petites brasseries locales, de pubs et de tavernes élargissent leur éventail de bières, traditionnelles ou nouvelles, en privilégiant la qualité et le brassage artisanal. En Europe, les anciennes brasseries développent de nouveaux marchés avec leurs bières traditionnelles, aussi bien dans leur pays qu'à l'étranger. Aux États-Unis et ailleurs, cette renaissance est essentiellement le fait de nouvelles entreprises qui ont été fondées dans les années quatre-vingt et possèdent déjà une réputation bien établie.

Cet ouvrage célèbre la renaissance des bières authentiques et parfumées. Après un rapide survol historique, nous étudierons les différents ingrédients et techniques de brassage. La plupart des amateurs de bière savent bien que leur boisson préférée contient du malt et du houblon, mais le fait de comprendre comment les divers ingrédients se combinent permet de mieux apprécier les nombreuses qualités de la bière. En outre, devant le nombre croissant de marques qui jaillissent de la tireuse ou s'étalent sur les rayonnages des supermarchés, il n'est pas inutile d'apprendre à reconnaître les différents styles, de différencier l'ale de la lager, la blonde de la brune, la stout de la porter ou encore la bock de la lager brune. Ainsi équipé des définitions précises des termes utilisés pour désigner les différentes qualités, vous pourrez alors faire votre choix en toute connaissance de cause, pour privilégier les goûts que vous aimez et savourer pleinement chaque gorgée. Cet ouvrage comporte également un chapitre sur la bière et la gastronomie. Comme le vin, la bière peut souligner ou masquer les arômes des aliments et inversement. Et comme le vin, la bière entre dans de nombreuses recettes dont vous trouverez quelques exemples ci-après. Toutefois, la majeure partie de l'ouvrage est consacrée à un grand panorama des bières du monde. Pays par pays, nous vous invitons à explorer les traditions brassicoles locales mises au point au cours des siècles ainsi que les nouveautés en la matière. De l'Europe à l'Amérique en passant par l'Afrique et l'Asie, vous découvrirez ainsi un stupéfiant éventail de bières à goûter et à déguster.

Mes propres critères d'appréciation de la bière se trouvèrent bouleversés en 1990, lorsque je m'installais à Portland (Oregon), «La capitale de la micro-brasserie d'Amérique». Je venais de passer quatre ans dans le Middle West où je m'étais délecté notamment de Schaeffer, une bière de choix, mais la dégustation de bières aussi savoureuses que la MacMenamins Brothers' Hammerhead Ale et la Black Butte Porter de la brasserie Deschutes, pour n'en citer que deux, réveilla mes papilles. Outre une mention spéciale pour les petites brasseries du nord-ouest des États-Unis, je tiens à remercier les nombreuses brasseries du monde entier qui perpétuent la tradition et fabriquent encore des bières savoureuses. Bien qu'ils soient trop nombreux pour les citer tous, je remercie également tous les brasseurs de la planète et leurs associations pour leur aide, et plus particulièrement la Guilde des Brasseurs de l'Oregon (Oregon Brewer's Guild) de Portland et l'Association des Brasseurs (Association of Brewers) de Boulder, dans le Colorado, ainsi que JV Northwest de Canby (Oregon) qui m'a fourni des documents précieux pour l'iconographie de ce livre et des informations indispensables sur les techniques et le matériel des brasseries.

Je remercie Pam
et toute l'équipe de BD&L
pour leur aide tout au long
de la réalisation de ce livre,
et plus particulièrement
J.P. et Ellen, sans lesquels
rien n'aurait été possible.
Toute ma gratitude également
à Tess et à Zora pour leur bonne
humeur et les encouragements
qu'elles m'ont prodigués
au cours des années.
Enfin, un grand merci à Jenny
qui a rédigé le chapitre
sur la bière et les mets
(et essayé toutes les recettes,
même celles qui n'apparaissent
pas dans ces pages),
mais qui a également relu
le manuscrit, offert ses conseils
avisés et, par-dessus tout,
fait preuve d'une patience
et d'un soutien indéfectible.

Certains historiens et archéologues
affirment que c'est pour cultiver de l'orge
et fabriquer de la bière que les tribus
qui vivaient de chasse et de cueillette
abandonnèrent le nomadisme pour
l'agriculture, attribuant ainsi à la bière
un rôle déterminant dans le développement
des communautés sédentaires et
de la civilisation.

Histoire de la bière

On ne sait pas avec précision quand et où la bière fut brassée pour la première fois, mais il est facile d'imaginer qu'il s'agissait d'un concours de circonstances : abandonnée sous la pluie, la récolte d'orge destinée au pain finit par germer ; un peu de soleil et elle cuit ; on utilise cette orge maltée, plus sucrée, pour confectionner du pain qui, à son tour, se mouille ; tandis que, sous l'effet de l'humidité, les sucres et les amidons du pain travaillent, les levures naturellement présentes dans l'air viennent contaminer la pâte et déclenchent la fermentation. Le fermier, qui croyait sa récolte d'orge gâchée, réalise alors qu'il dispose d'un breuvage savoureux et enivrant... la bière est née.

Quelle que soit la manière dont les choses se sont passées, la bière est sans doute l'une des premières boissons alcooliques de l'histoire. Les archéologues ont exhumé des hiéroglyphes, des pictogrammes et autres écrits qui prouvent que l'on fabriquait déjà de la bière il y a six à neuf mille ans. Dans les civilisations primitives du bassin méditerranéen et d'ailleurs, les céréales indispensables à la fabrication de la bière formaient la base de l'alimentation. Avec de l'orge et du blé au Moyen-Orient, du maïs aux Amériques, du riz en Asie, du millet ou du sorgho en Afrique, toutes les grandes civilisations antiques préparaient des breuvages fermentés qui annoncent la bière que nous connaissons à présent.

Les Sumériens et les Égyptiens comptent parmi les meilleurs brasseurs de l'Antiquité. C'est sur une tablette d'argile sumérienne datant de 6 000 ans av. J.-C. que l'on a retrouvé la plus ancienne recette écrite de la bière, et d'autres découvertes indiquent que les Sumériens avaient mis au point

Statuette d'un brasseur égyptien de l'Antiquité pressant de l'orge.

plus d'une dizaine de bières différentes. Ces bières étaient généralement obtenues à partir de pain partiellement cuit que l'on émiettait dans l'eau avant de le parfumer avec des épices (cumin, gingembre, noix muscade, genièvre), du miel, des fruits, des baies ou encore des fleurs. Les Égyptiens lui ajoutèrent du sirop de datte, véritable conservateur qui empêchait la bière de surir, et qui permettait de brasser et de conserver de plus grandes quantités de breuvage, ouvrant la voie aux premières brasseries commerciales.

Ninkasi (« celle qui remplit la bouche »), déesse sumérienne de la bière, occupait parmi les dieux une place dominante. Selon la légende, elle aurait donné l'orge aux femmes et, partant, les diverses divinités associées à la bière étaient féminines. De même, c'étaient les femmes qui brassaient la bière ou tenaient les tavernes.

Dans de nombreuses cultures anciennes, la bière possédait un rôle spirituel. Elle était souvent brassée par les prêtres et les prêtresses et on en mettait dans les tombeaux égyptiens pour aider les morts à passer dans l'au-delà. Tout le monde en buvait, mais la qualité variait selon la classe sociale. Son importance était telle qu'on l'utilisait comme moyen de paiement et le premier impôt sur la bière date des Sumériens.

Les Empires grec et romain furent plutôt dominés par le vin, tant dans la consommation que dans le folklore ou la culture, car la vigne se plaît mieux dans les climats chauds du sud de l'Europe et que le vin est plus facile à fabriquer que la bière. Cependant, notamment dans les plaines du nord de l'Europe (l'Allemagne et la Belgique actuelles), en Gaule, en Grande-Bretagne et en Scandinavie où la vigne ne pousse pas, la technique du brassage continua d'évoluer.

Le Belge Jean Ier, duc de Brabant au XIIIe siècle, est honoré dans plusieurs pays d'Europe comme le roi de la bière. Fondateur de la première brasserie royale, il créa également la première confrérie de brasseurs, la Chevalerie du Fourquet.

Au Moyen Âge, c'étaient les communautés monastiques qui se chargeaient du brassage. Elles introduisirent notamment la

Brasseur du XIXᵉ siècle (à droite) ; ouvriers dans une brasserie vers 1850 (ci-dessous) ; la cuve de fermentation à froid de Louis Pasteur (ci-dessous à droite).

technique de conservation à froid *(lagering)* : en entreposant la bière dans des grottes fraîches afin de la conserver plus longtemps, on obtenait un breuvage plus doux au goût plus fin. À cette époque, la bière constituait un aliment important du régime frugal des moines (elle était autorisée pendant les périodes de jeûne), mais elle présentait aussi moins de risques que l'eau, souvent polluée, et tout le monde buvait de la bière légère à table. Hors des murs des monastères, c'étaient les femmes qui se chargeaient de la fabrication de la bière, intégrant le brassage dans leurs corvées domestiques.

On a sans doute incorporé du houblon à la bière dès le VIIIᵉ ou IXᵉ siècle, mais les premières traces écrites n'apparaissent qu'au XIIᵉ siècle avec l'abbesse Hildegarde de Saint-Ruprechtsberg. Malgré une forte résistance initiale, le goût du houblon finit par s'imposer pour remplacer les épices, les herbes, le miel, la mélasse, les fleurs, les fruits et les baies, les racines, voire certains légumes qui parfumaient jusqu'alors la bière. L'année 1516 marque un autre tournant dans l'histoire de la bière avec la loi bavaroise de pureté, la Reinheitsgebot, qui

Serveuse allemande apportant des steins de bière.

stipulait que la bière ne devait comporter que de l'eau, de l'orge ou du blé malté et du houblon (on ajouta la levure plus tard). La loi a été abolie récemment, mais de nombreux brasseurs d'Allemagne et d'ailleurs continuent de respecter le code ancien de pureté et arborent fièrement ce fait sur leurs étiquettes.

Jusqu'à la fin du XVIIIe siècle, les techniques de brassage évoluèrent peu. Au XIXe siècle, avec l'invention de la machine à vapeur, l'amélioration des transports ou de la réfrigération mécanique et autres progrès de la Révolution industrielle, la fabrication de la bière quitta le cadre domestique pour se transformer en véritable industrie. En révélant le rôle des levures dans le processus de la fermentation, les travaux de

Pendant la Prohibiti américaine, les autorités jettent la bière qu'ils ont confisquée (ci-dessus hommes montant la garde devant une brasserie illégale pendant la Prohibitio américaine (à gauche

14

Pasteur permirent aux brasseurs de sélectionner les souches les plus adaptées au brassage de la bière. En Allemagne et en Europe centrale, on préférait les lagers à fermentation fraîche, plus stables. Vers 1840, l'apparition d'une lager limpide et dorée brassée dans la ville de Plzen (en allemand Pilsen), en Bohême, bouleversa les habitudes des consommateurs. Dans le même temps, les progrès de la verrerie contribuèrent au succès de ce type de bière tandis que les anciennes chopes en terre cédaient la place aux modèles transparents en verre qui révélaient toute la limpidité et la blondeur des lagers pilsners.

Au cours de la deuxième moitié du xixe siècle, la production et la consommation de bière augmentèrent régulièrement, mais l'émergence des ligues anti-alcooliques et l'arrivée de la Première Guerre mondiale devaient enrayer le processus. Même après la suppression des lois de tempérance, la plupart des brasseries furent incapables de reprendre leurs activités dans la tourmente de la grande crise des années trente suivie par la pénurie et les rationnements de la Seconde Guerre mondiale.

Après la Guerre, le secteur de la bière traversa une période de consolidation tandis que les grands groupes internationaux rachetaient les petites brasseries et que d'autres fermaient leurs portes. Alors qu'on comptait en France plus de trois mille brasseries au début du siècle, elles n'étaient plus qu'une cinquantaine dans les années soixante. Le marché était contrôlé par une poignée de multinationales qui privilégiaient la rentabilité et fabriquaient des lagers pasteurisées, aussi légères de goût que de couleur afin de satisfaire le plus grand nombre de clients, et de nombreuses ales classiques disparurent de la circulation.

En 1970, en Angleterre, sous l'égide de la Campaign for Real Ale (CAMRA), les consommateurs se révoltèrent contre ces bières industrielles et, au cours des vingt années qui suivirent, une foule de petites brasseries revinrent au brassage de bières traditionnelles et plus savoureuses. Aujourd'hui, bien que les grands conglomérats contrôlent toujours une grosse part du marché, de petites brasseries artisanales apparaissent partout dans le monde pour offrir aux amateurs exigeants tout un éventail de bières artisanales de qualité.

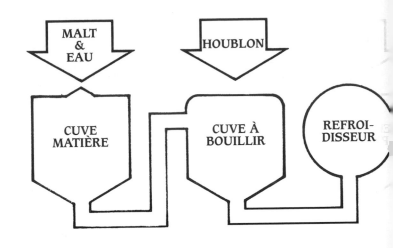

MALT & EAU

HOUBLON

CUVE MATIÈRE

CUVE À BOUILLIR

REFROI-DISSEUR

Les différentes étapes du

LA FABRICATION DE LA BIÈRE
Des ingrédients au breuvage

Les grains maltés, l'eau et la levure ont été utilisés dès les premières civilisations mésopotamiennes pour fabriquer des breuvages brassés qui sont les ancêtres directs de la bière. Pendant des siècles, on a parfumé ces breuvages avec des épices, des herbes et des fruits, mais, depuis le XIᵉ siècle, c'est le houblon qui domine. Aujourd'hui, les lois de pureté bavaroises du XVIᵉ siècle qui limitaient les ingrédients ne sont plus en vigueur, mais la plupart des brasseurs restent fidèles aux quatre ingrédients de base – orge, houblon, eau et levure – qui permettent de fabriquer des bières de qualité, de types très différents, chaque type se déclinant à son tour dans toute une gamme de saveurs incroyablement variées.

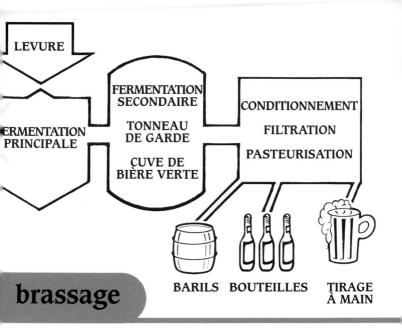

LEVURE

FERMENTATION SECONDAIRE

TONNEAU DE GARDE

CUVE DE BIÈRE VERTE

ERMENTATION PRINCIPALE

CONDITIONNEMENT

FILTRATION

PASTEURISATION

brassage

BARILS   **BOUTEILLES**   **TIRAGE À MAIN**

LES INGRÉDIENTS

LE MALT

Ingrédient de base de la bière, le malt est formé par des céréales que l'on fait germer dans l'eau pendant plusieurs jours avant de les sécher au four (touraillage). En transformant les amidons en sucres (maltose), le maltage adoucit la saveur des grains. En outre, les grains maltés fournissent les sucres, les protéines et les acides aminés nécessaires au déclenchement de la fermentation.

Les huit premiers producteurs de malt produisent les trois-quarts de la consommation mondiale : États-Unis, Allemagne, Grande-Bretagne, France, Chine, Canada, Belgique et Autriche.

Pour la bière, on utilise le plus souvent du malt d'orge. L'orge possède une saveur douce, franche, et sa teneur élevée en amidons mais faible en protéines convient parfaitement à la fabrication de la bière. Il en existe plusieurs variétés, mais les brasseurs utilisent essentiellement des variétés cultivées dans le centre de l'Europe, au nord-ouest des États-Unis et du Canada, et en Australie.

17

Bien que l'orge donne de meilleurs résultats, on fabrique également de la bière avec d'autres céréales. Le blé (ou froment) donne une bière plus légère et astringente, de plus en plus appréciée par les consommateurs ; l'avoine, que l'on ajoute en petites quantités dans certaines stouts, confère à la bière un arôme douceâtre et velouté ; moins courant, le seigle apporte une note épicée. Le riz et le maïs sont largement utilisés comme additifs, notamment dans les grandes brasseries des États-Unis où les récoltes sont importantes. La plupart des brasseurs utilisent d'ailleurs toutes ces céréales pour parfumer la bière à base d'orge et diversifier les saveurs.

Il existe plusieurs types de malt qui diffèrent tant en couleur qu'en saveur ou en teneur en sucres. Après la récolte, on passe l'orge au crible afin de la débarrasser de la paille et des impuretés, puis on la fait tremper dans l'eau pendant deux ou trois jours pour faire ressortir les amidons (la plupart des malteurs industriels utilisent de grandes cuves métalliques). On met ensuite le grain à sécher pendant quelques jours afin de le faire germer tandis que les enzymes naturels de la plante transforment les amidons en sucres. Autrefois, on étalait le grain humide sur de vastes aires de maltage en pierre, mais si certaines brasseries traditionnelles procèdent toujours de cette manière, la plupart des malteurs utilisent plutôt des tambours métalliques ou un système qui consiste à faire passer l'air à travers le fond perforé d'un caisson. On arrête enfin la germination et on retire les radicelles (dégermage) pour faire griller le malt vert dans la touraille où il est soumis à une forte chaleur pendant deux jours.

La qualité du malt varie en fonction de l'exécution des différentes étapes du maltage, mais c'est surtout la température et la durée du touraillage qui déterminent le type de malt – et de bière – que l'on obtient. Plus la température est élevée, plus la bière sera foncée et sa saveur soutenue. Parmi les plus courants, voici quelques exemples de malts que les brasseurs utilisent seuls ou mélangés :

- **Malt pilsner ou lager :** touraillé à basse température, il conserve un léger goût de céréales. C'est le plus clair, destiné aux lagers, aux pilsners et aux ales très pâles.

- **Malt blond ou malt pale ale :** c'est le malt de nombreuses bières anglaises. La température de touraillage est plus élevée et donne une note biscuitée à la bière.

- **Malt Vienne ou mild ale** : la température encore plus élevée donne à la bière une saveur de caramel mou et une robe rougeâtre.

- **Malt de froment** : utilisé pour les bières à base de blé, de couleur claire, il donne du corps et une mousse épaisse. Les bières au froment non filtrées restent légèrement troubles.

- **Malt cristal ou malt caramel** : touraillé à des températures qui s'élèvent rapidement, il donne à la bière une coloration rougeâtre et une riche saveur sucrée. Souvent utilisé pour les bières "spécialités" comme les bocks ou les lagers ambrées.

- **Malt brun** : utilisé pour de nombreuses bières d'hiver et ales brunes auxquelles il donne un goût franc de grillé et une belle couleur brune. Il est généralement séché sur des tourailles à feu de bois.

- **Malt chocolat ou brun foncé** : séché à très haute température, il donne à la bière une couleur foncée, chocolat, et des parfums de café torréfié aux stouts, porters et ales brunes.

- **Malt noir ou black patent malt** : malt grillé qui donne un ton très foncé, presque noir, et un goût amer à de nombreuses stouts.

- **Orge grillée** : il s'agit d'orge non maltée que l'on torréfie pour qu'elle adopte une couleur foncée, brun-rouge. Elle entre souvent dans la composition des stouts irlandaises sèches qui lui doivent leur mousse crémeuse et leur saveur amère de café brûlé caractéristiques.

L'ultime étape de l'art du brasseur consiste à combiner ces divers types de malt (ainsi que d'autres qui ne sont pas décrits ici) pour obtenir tout un éventail de bières de couleurs et d'arômes très divers. Cette étape exige, en effet, une bonne connaissance des qualités du malt ainsi qu'une certaine dose de créativité.

LE HOUBLON

Après le malt, l'ingrédient le plus caractéristique de la bière est sans doute le houblon. Il possède, en effet, un

19

arôme puissant et amer qui détermine le bouquet de la bière et équilibre la douceur du malt tout en jouant le rôle de conservateur naturel. Malgré de fortes réticences initiales, le houblon a ainsi fini par prendre la place des diverses herbes et épices qui parfumaient autrefois la bière.

Grimpante vivace de la famille du chanvre et du cannabis, *Humulus lupulus* donne les fleurs vertes en forme de cône que l'on fait sécher pour les incorporer à un moment ou à un autre du brassage. Certains brasseurs utilisent des fleurs entières, à l'arôme plus puissant, mais elles nécessitent davantage de travail par la suite car il faut retirer les pétales et les débris ; le plus souvent, ils se procurent des fleurs broyées ou compressées sous forme de granulats. Le houblon existe également sous forme d'extrait, mais celui-ci donne un produit moins puissant. Ce sont les huiles résineuses du houblon qui déterminent l'amertume et les arômes de la bière. Or, ces propriétés aromatiques sont volatiles et disparaissent à l'ébullition ; pour l'amertume, on peut ajouter le houblon dès le début de l'ébullition, mais il vaut mieux l'incorporer plus tard dans la cuve à bouillir lorsqu'on souhaite en préserver les arômes. Certains brasseurs pratiquent le "houblonnage sec" et introduisent le houblon après l'ébullition, dans la cuve de garde, pour qu'il libère toutes ses propriétés pendant la maturation et offre un breuvage extrêmement aromatique.

Comme pour le malt, les variétés de houblon employées varient selon les régions et les types de bière. Les principales cultures de houblon sont situées en Allemagne, en Europe centrale et aux États-Unis, mais elles sont de plus en plus répandues en Australie, en Nouvelle-Zélande, en Chine et au Japon. Pour les pilsners et autres lagers, on utilise surtout du houblon Saaz de Bohême, dont l'arôme puissant est particulièrement prisé. Les houblons Hallertauer et Tettnanger, très aromatiques, entrent dans la composition de nombreuses lagers allemandes. La variété Northern Brewer, au goût puissant et très amer, est cultivée en Grande-Bretagne et en Allemagne, tandis que les fabricants d'ales anglaises privilégient le Goldings et le Fuggles du Kent. Les brasseries artisanales américaines préfèrent la variété Cascade que l'on cultive au nord-ouest de l'Amérique du Nord, ou le Cluster, plus amer. Il existe de nombreuses autres variétés de houblon, plus ou moins amères, plus ou moins aromatiques, et chaque brasseur a ses préférences. En règle générale, les bières européennes sont peut-être moins houblonnées que leurs cousines américaines.

> *Le houblon, de la même famille que le cannabis, était autrefois employé comme sédatif, ses fleurs étant censées favoriser le sommeil.*

L'EAU

Lorsqu'on déguste une bière, on oublie souvent que l'ingrédient principal reste l'eau (elle compte pour 90 % du breuvage !). Les premières brasseries ont d'ailleurs établi leur renommée sur la qualité de leur eau. La ville de Plzen, en Bohême – et ses lagers type pilsner – était réputée pour la douceur de son eau ; de même, l'eau riche en sels minéraux qui traverse la ville de Burton-on-Trent, en Angleterre, a contribué à donner son caractère spécifique à l'ale de Burton, au point que la « burtonisation » désigne la méthode qui consiste à enrichir l'eau naturelle en sels minéraux. Aujourd'hui, on peut se faire livrer de l'eau partout dans le monde et il suffit de la filtrer ou de l'enrichir pour disposer avec une précision toute scientifique du taux de calcium, de magnésium, de chlorure ou de sulfate le mieux adapté au style de bière que l'on souhaite brasser.

LA LEVURE

Il ne suffit pas de marier malt, houblon et eau pour obtenir de la bière ; il faut aussi de la levure. Organisme vivant unicellulaire, la levure provoque la fermentation tandis qu'elle tire l'énergie nécessaire à sa multiplication des sucres présents dans le mélange afin de produire de l'alcool et du gaz carbonique, mais elle participe également aux arômes du breuvage. Certaines brasseries utilisent jalousement la même levure depuis des siècles pour obtenir un style de bière unique en son genre. Et si les espèces de levure qui entrent dans la composition de la bière ne sont qu'au nombre de deux, il en existe plus de cinq cents variétés différentes connues, sans parler des centaines de souches qui n'ont aucun effet (ou un effet négatif) sur la bière.

Écumage des levures à la brasserie Guinness.

La levure est invisible à l'œil nu et, il y a encore deux siècles, on ne connaissait ni sa fonction ni même son existence. Autrefois, on abandonnait le breuvage à la fermentation spontanée qui se produisait sous l'action des levures naturellement présentes dans l'air, un « miracle » qui se renouvelait comme par magie. À présent, seuls les brasseurs de lambic belge continuent de s'en remettre au processus ancien de la fermentation spontanée.

Les levures utilisées pour la fermentation des ales (*Saccharomyces cerevisiae*) agissent rapidement mais elles sont peu efficaces pour transformer le maltose, et les résidus de sucres donnent une saveur plus douce, plus fruitée et plus complexe. (On parle aussi de

En Angleterre médiévale, on surnommait la mousse brune et presque solide qui apparaissait lors de la fermentation « Dieu est bon ».

fermentation haute car les flocons de levure montent à la surface du mélange). En outre, la fermentation dure moins longtemps et les ales sont généralement prêtes à être consommées plus tôt que les lagers. La fermentation basse caractéristique des lagers est plus lente et plus efficace, et donne une saveur plus franche et plus sèche. Elle utilise une autre levure *(Saccharomyces uvarum)*, se fait à une température moins élevée et les flocons tombent plutôt au fond de la cuve.

En 1883, un savant danois, Emil Hansen, qui travaillait pour la brasserie Carlsberg, à Copenhague, isola une souche pure de levure de lager qui fut baptisée Saccharomyces carlsbergensis (et modifiée par la suite en Saccharomyces uvarum).

AUTRES ADDITIFS

Bien que les quatre ingrédients de base, malt, houblon, eau et levure, suffisent pour fabriquer des bières de saveurs très variées, de nombreux brasseurs ont recours à des additifs pour créer des recettes uniques en jouant sur la couleur, les arômes et les saveurs du breuvage de base. L'additif le plus courant est sans doute le sucre sous toutes ses formes (sucre de canne, sucre roux, sirop d'érable ou sucre candi) car il facilite la fermentation et augmente le degré alcoolique du breuvage tout en allégeant son corps. On remplace parfois une partie de l'orge par du riz ou du maïs afin d'obtenir une bière plus légère et plus sèche. Avant l'avènement du houblon, on parfumait la bière avec toutes sortes d'épices et d'herbes et de nombreux brasseurs perpétuent cette tradition. La Belgique est réputée pour ses bières aux fruits comme la *kriek* à la cerise ou la *frambozen* à la framboise. Jadis, on ajoutait les fruits pour déclencher la fermentation secondaire tout en introduisant de nouveaux parfums, mais les brasseurs actuels se contentent de jus ou d'extraits de fruit, déclinant ainsi à loisir cerises, framboises, pommes, oranges, citrons, bananes, etc.

Cuves de brassage d'une micro-brasserie de l'Oregon (États-Unis).

Parmi les agents de sapidité, on trouve également du miel, mais aussi de la réglisse, du gingembre, de la vanille, de la mélasse, du chocolat, voire du piment pour donner à chaque bière un caractère qui lui est propre.

LE BRASSAGE

Bien que la science et la mécanique, voire l'électronique, régissent une activité qui était autrefois essentiellement manuelle, où le hasard jouait un rôle non négligeable, le processus de transformation des ingrédients bruts en boisson prête à la consommation ne s'est guère modifié depuis l'Antiquité. Les instruments et les machines ont évolué, de même que la fiabilité et la rentabilité de la production, mais le secret d'une bonne bière réside toujours dans le talent du brasseur et le hasard conserve une certaine importance.

Aujourd'hui, la plupart des brasseries, sauf peut-être les plus grandes, achètent le malt à des malteurs indépendants. La première étape du brassage consiste à concasser l'orge maltée pour obtenir une farine grossière et libérer les sucres. On verse le malt broyé dans une cuve en bois, en cuivre ou en acier inoxydable (cuve-matière) et on ajoute de l'eau chaude pour obtenir une pâte *(maische)* à l'odeur douceâtre. On fait alors chauffer la maische pendant une à quatre heures (brassage par infusion) afin que la chaleur de l'eau active les enzymes des grains maltés qui contribuent à l'extraction des sucres. Dans la mesure où l'activité des enzymes varie en fonction de la température, celle-ci est déterminante.

L'informatique permet de mieux respecter les spécifications de brassage.

Variante du brassage par infusion, la méthode de la décoction consiste à prélever une certaine quantité de maische pour l'amener à ébullition dans une autre cuve (cuve à bouillir) avant de le remettre dans la cuve-matière. Cette méthode permet d'extraire le plus de sucre possible du malt, ce qui est particulièrement utile pour les lagers qui utilisent des malts plus clairs et moins riches en sucres.

Après le brassage, on filtre la maische pour séparer le moût des drêches (résidus de houblon qui sont généralement vendus comme aliments pour le bétail). Pour cette opération, les brasseurs utilisent un filtre placé au fond de la cuve-matière ou une cuve-filtrante indépendante *(cuve lauter)*. Sauf pour les bières les plus fortes qui ne contiennent que du pur jus (non dilué), on rince la maische avec de l'eau chaude pour bien recueillir tous les sucres.

On fait ensuite chauffer le moût dans la cuve à bouillir ou chaudière à moût, où a lieu le brassage à

Chez Guinness, un ouvrier nettoie le conduit d'arrivée du houblon.

proprement parler. On ajoute le houblon et on fait bouillir le mélange afin de libérer les huiles résineuses du houblon et de supprimer les bactéries nocives. Au bout d'une à trois heures d'ébullition, on retire les restes de houblon et les protéines indésirables (elles coagulent pendant l'ébullition) à l'aide d'un filtre ou d'une centrifugeuse, puis on refroidit rapidement le liquide pour le préparer à la fermentation et enrayer le développement des bactéries. Au fur et à mesure qu'on l'injecte dans la cuve de fermentation, on refroidit davantage le moût avant d'ajouter la levure. En général, pour que la levure joue son rôle, il faut ramener la température du moût à 24°C-16°C pour les ales et à 4°C-13°C pour les lagers. À l'origine, on laissait le liquide fermenter dans des tonneaux en bois, mais on emploie à présent d'énormes cuves coniques en métal.

En l'espace de quelques heures, le moût se couvre d'une épaisse couche de mousse, signe que la levure bourgeonne bien. La couche de mousse est plus importante pour les levures à fermentation haute des ales. La tradition veut que le moût séjourne dans la cuve de fermentation principale pendant un laps de temps relativement court : cinq à dix jours pour les ales, deux semaines pour les lagers. On verse ensuite la bière verte (liquide fermenté) dans les cuves de fermentation secondaire ou cuve de garde où elle va

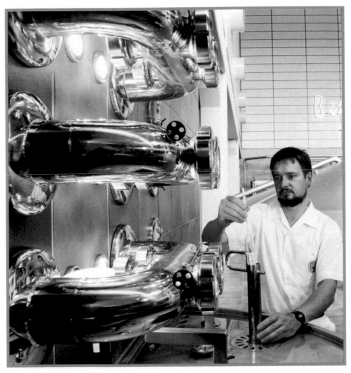

Relevé d'échantillons dans une brasserie allemande. ▲
Cuves de brassage dans une brasserie du Texas. ▼

Bouteilles de bière prêtes à la vente (en haut) ;
barils de bière sur le chemin du pub (au centre) ;
ouvriers de chez Guinness nettoyant les barils
(en bas).

Livraison de bière avant un match en Angleterre.

s'affiner et se clarifier. Aujourd'hui, de nombreux brasseurs se contentent d'une seule et même cuve (cuve de garde) pour toutes les étapes de fermentation et de maturation.

La durée de maturation varie en fonction du type de bière. Pour les ales, elle peut être assez courte - quelques jours seulement - et même si les plus fortes sont affinées pendant près d'une année, la plupart des ales ne séjournent pas plus d'un mois dans la cuve de garde. Dans le cas des lagers, à fermentation basse, il faut davantage de temps pour adoucir suffisamment les parfums et les saveurs : on abaisse la température à près de 0°C pour que la fermentation s'achève lentement pendant la maturation. On fait vieillir la plupart des lagers de un à six mois, parfois une année entière, mais certaines lagers américaines industrielles ne mûrissent que pendant quelques semaines. C'est au cours de la fermentation que se forme le gaz carbonique. Afin de faciliter la fermentation finale, certains brasseurs ajoutent un peu de moût fermenté, de sucre ou de levure dans la cuve. Cette méthode, dite « kräusening », réveille la levure dormante qui flotte dans la bière et déclenche la formation naturelle de gaz. Une autre solution, plus moderne, consiste à introduire du gaz carbonique dans la bière.

DE LA BRASSERIE AU VERRE

Une fois la fermentation et la maturation achevées, on filtre généralement la bière afin de retirer les levures et les protéines indésirables qui laissent un dépôt trouble et limitent la durée de conservation. Toutefois, une filtration trop fine emporte les parfums, les arômes et le caractère de la bière. Pour ses raisons d'hygiène et de stabilité, certaines bières sont pasteurisées – chauffées à haute température afin de supprimer les levures ou les bactéries résiduelles – mais là encore, la pasteurisation altère le caractère et le parfum de la bière et de nombreux brasseurs préfèrent l'éviter. Après la filtration et la pasteurisation, on transvase la bière dans des cuves où elle sera entreposée en attendant le soutirage et le conditionnement.

Les bières traditionnelles passent directement des cuves aux fûts en bois ou en métal ou aux bouteilles, sans pasteurisation et, dans certains cas, sans filtration. On ajoute parfois dans la cuve une dose supplémentaire de sucre, de levure ou encore de houblon (houblonnage sec) afin que la bière continue de fermenter et de se bonifier jusqu'au moment de la servir. En outre, contrairement à la plupart des bières sous pression, ces bières traditionnelles doivent être pompées à l'aide d'une tireuse à main afin de donner un breuvage moins pétillant, plus doux et une bonne hauteur de mousse. Certains brasseurs utilisent encore des tonneaux en bois, notamment en chêne, afin d'enrichir les saveurs de la bière, mais, la plupart du temps, les fûts sont en métal ou en verre. Dans le cas de la bière en bouteille, on ajoute la levure au dernier moment afin de déclencher une nouvelle fermentation qui peut se poursuivre pendant des années et augmente le degré alcoolique, la

En 1935, la brasserie Kreuger du New Jersey lançait sur le marché la première bière en canette, Kreuger Cream Ale, mais c'est Coors qui, dans les années 50, commercialisa les premières bières en boîte d'aluminium. En 1962, la brasserie de Pittsburg introduisait enfin le système d'ouverture par anneau.

charge en gaz carbonique et le taux de sucre du contenu.

Au XVIe ou XVIIe siècle, on mettait déjà la bière dans des bouteilles en verre fabriquées à la main, mais la production en série ne date que de la Révolution industrielle et de la découverte de la machine à vapeur. Les premières bouteilles en verre étaient fermées par des bouchons de liège et certains brasseurs, notamment pour les ales, les utilisent encore aujourd'hui. La capsule métallique fut inventée vers 1890 et, bien que non réutilisable, elle était peu onéreuse et facile à fabriquer. Avec les progrès de la verrerie, on se mit à soigner davantage l'aspect pour produire des bières plus pétillantes et plus limpides dont les couleurs seraient mises en valeur par la transparence du verre.

On sait fabriquer les canettes depuis le XIXe siècle, mais la pression élevée de la bière a retardé leur utilisation. Dans les années trente, les boîtes en fer-blanc doublées à l'intérieur afin de renforcer la canette et de protéger le contenu du goût métallique du récipient apparurent sur le marché. Toutefois, bien qu'elles soient beaucoup moins chères à fabriquer, les amateurs affirment que la canette dénature le goût de la bière. En outre, comme l'investissement initial est plus élevé pour les canettes, de nombreuses petites brasseries continuent à conditionner la bière en

Le premier distributeur automatique de bières en boîte.

31

Une ouvrière contrôle les canettes défilant sur un convoyeur.

bouteilles de verre. En Grande-Bretagne, certains brasseurs ont mis au point un petit dispositif qui, lorsqu'on ouvre la canette, libère un jet d'azote afin de reproduire l'effet de la bière à la pression.

La plupart des bières qui ne sont pas vendues en bouteille ou en canette sont livrées en barils ou tonnelets de 30 à 50 litres, directement aux bars et aux tavernes.

LES MICRO-BRASSERIES, LES PUBS-BRASSERIES ET LE BRASSAGE MAISON

Bien qu'une poignée de géants internationaux domine encore le marché, le nombre de petites brasseries produisant des bières traditionnelles de qualité a augmenté de manière spectaculaire depuis 1970. Si ces brasseries artisanales utilisent les mêmes méthodes que les grandes, elles fabriquent de plus petites quantités et soignent davantage les étapes délicates de la production. En général, les bières artisanales sont pur malt, sans additif, et les petits brasseurs, plus entreprenants, inventent des bières nouvelles, dites « spécialités », souvent intéressantes.

Ces brasseries artisanales, ou « micro-brasseries »,

ne produisent généralement pas plus de quinze à vingt mille hectolitres de bière par an et vendent leur production aux négociants (qui commercialisent plusieurs marques de bière), aux supermarchés et aux petites boutiques, ou directement aux restaurateurs et tenanciers de bars et de tavernes. Dans certains pays, certaines tavernes brassent la bière sur place mais ces « pubs-brasseries » n'ont pas toujours le droit de vendre leur production aux clients qui désireraient l'emporter et non la consommer sur place. Entre les micro-brasseries et les grandes multinationales, on trouve les brasseries régionales, dont certaines travaillent sous contrat, c'est-à-dire qu'elles fabriquent sous licence la bière d'une grande marque international.

Le regain d'intérêt pour les bières artisanales incite de plus en plus d'amateurs à essayer de confectionner leur propre bière à la maison. En Grande-Bretagne, on trouve depuis longtemps dans les drugstores ou les supermarchés des kits contenant tous les ingrédients nécessaires pour fabriquer de la bière. En France, l'entreprise exige un peu de persévérance pour réunir les ingrédients et le matériel nécessaires, mais l'expérience en vaut largement la peine. Dans de nombreux pays, les micro-brasseurs d'aujourd'hui sont ceux qui, hier, brassaient la bière dans leur cuisine. Vous trouverez des recettes sur Internet ou dans les manuels appropriés et certains fabricants américains et britanniques distribuent leurs produits par correspondance. Pensez également à vous adresser à un des nombreux clubs et associations d'amateurs de bière du monde.

Pour le débutant, il est plus facile de fabriquer de l'ale que de la lager. Voici le matériel dont vous aurez besoin : un grand récipient pour faire bouillir le liquide (lessiveuse ou grande marmite) ; une cuiller en plastique ou en métal à long manche ; deux grands seaux en plastique équipés de couvercle à soupape (cuves de fermentation principale et secondaire, la soupape permettant de laisser échapper l'air sans en faire pénétrer dans la cuve) ; des tuyaux en plastique pour transvaser le moût d'un seau à l'autre ; un tuyau équipé d'un entonnoir pour transvaser la bière de la cuve de fermentation secondaire dans les bouteilles ; des bouteilles et des bouchons ; un bouche-bouteilles ;

un goupillon pour nettoyer les bouteilles ; et un thermomètre à alcool pour mesurer le degré alcoolique de la bière. Il vous faut également du malt, de la levure et du houblon que vous vous procurerez auprès des revendeurs spécialisés sous des formes faciles à utiliser (extraits de malt et granulats de houblon). Afin de disposer de la minéralité voulue, vous pouvez utiliser de l'eau du robinet purifiée ou de l'eau en bouteille. Avec des extraits, il suffit d'une semaine à dix jours pour obtenir une délicieuse boisson que vous serez fier de partager avec vos amis.

LA DÉGUSTATION :
LE PLAISIR DES SENSATIONS

L'histoire de la bière, la présentation des ingrédients et des techniques de brassage ne constituent que les préambules à la raison d'être du breuvage : la dégustation. Si certains buveurs engloutissent encore leur canette en quelques gorgées, de plus en plus d'amateurs se soucient de conserver et de servir la bière dans les règles de l'art afin de jouir pleinement de toutes les sensations visuelles, olfactives et gustatives qu'elle procure. Et si rien ne peut améliorer le goût d'une mauvaise bière, c'est à la bonne température, dans le verre adéquat et avec un palais réceptif que l'on appréciera à leur juste valeur toutes les qualités d'une bonne bière.

Tout commence par la conservation. Hormis certaines bières en bouteille ou les bières de garde, exceptionnellement fortes, la plupart des types de bière s'abîment avec le temps et doivent être consommés dans un délai relativement court. À part lorsqu'elles ont un bouchon de liège, auquel cas on les couche comme les bouteilles de vin, on entrepose les bouteilles debout, au frais et à l'abri de la lumière, notamment lorsqu'elles sont en verre clair ou transparent afin qu'elles n'attrapent pas le « goût de la lumière ». En général, il vaut mieux éviter de les conserver longtemps à la température trop basse du réfrigérateur. Dans tous les cas, il faut sortir la bière quelques minutes avant de la servir pour qu'elle soit à la température voulue. On sert les ales entre 10 °C et

16 °C (la plus haute température étant réservée aux ales brunes ou fortes comme la porter, la stout, la strong ale, les lambics, les bières des trappistes ou d'abbaye et le barley wine). Les lagers doivent être légèrement plus fraîches, de 7 °C à 13 °C; les bières plus légères (tant en alcool qu'en consistance) ainsi que les bières au froment, les kölsch et les lagers américaines encore plus froides. Si le choix de la température est aussi une affaire de goût, il faut savoir que le froid tue les arômes de la bière, de même qu'il gêne l'action des levures, notamment dans les bouteilles ou dans le cas de bières «vivantes» dont la fermentation doit se prolonger.

Le verre joue également un rôle important dans le plaisir de la dégustation. Il va sans dire qu'il doit être propre car les résidus de savon ou de graisses altèrent la bière. L'idéal est de laver les verres à la main et de les laisser sécher à l'air. Les chopes givrées font sans doute un bel effet de présentation, mais le froid masque les saveurs et, en fondant, les cristaux de glace diluent le breuvage. Cependant, pour obtenir une épaisseur suffisante de mousse, il est bon de rincer préalablement le verre à l'eau claire.

Dans tous les cas, il vaut mieux boire la bière dans un verre qu'à la bouteille afin d'apprécier pleinement sa robe, ses arômes et ses saveurs. Enfin, chaque type de bière présente des caractères spécifiques qui méritent d'être mis en valeur par le choix d'un modèle de verre parfaitement adapté.

La flûte à bière, qui ressemble à une flûte à champagne, est idéale pour les bières aux fruits ou très aromatiques car la forme allongée du verre concentre le bouquet vers le nez tout en ralentissant l'évaporation du gaz carbonique.

Le verre tulipe, légèrement plus étroit et plus haut que le verre à cognac, emprisonne les arômes de la bière. Ces deux modèles de verre sont parfaits pour les bières aromatiques comme les lambics et les bières des trappistes, ainsi que pour les ales fortes comme le barley wine, les old ales anglaises et les ales Belges. Leur forme préserve également l'épaisseur de mousse.

Les coupes sont traditionnellement destinées aux bières allemandes au froment et à certaines ales des trappistes ou d'abbaye qui libèrent mieux leurs arômes subtils dans les formes évasées. En outre, dans les coupes, la mousse des bières très pétillantes dispose de plus de place pour s'étaler et libérer son bouquet.

La forme haute et étroite du verre pilsner fait ressortir la robe blonde et pétillante de la bière tandis que son bord légèrement évasé en corolle permet de humer pleinement le nez houblonné des pilsners et des lagers allemandes légères.

En Angleterre, on boit la bière dans des pintes ou des demi-pintes. La pinte contient 0,568 litre. L'Imperial pint (pinte légale) est légèrement plus grosse et renflée vers le haut, ce qui emprisonne l'odeur du houblon et les bouquets fruités des pale ales, des IPA, des ales brunes, des porters et des stouts.

La chope classique des pubs anglais (« dimpled pint mug ») possède un bord très évasé qui permet de jouir pleinement du bouquet et des arômes très maltés des bitters et des pale ales.

Le stein en terre ou en céramique traditionnel des tavernes allemandes de jadis est doté d'un couvercle qui protège la bière des poussières tout en la maintenant à une température constante, mais il est lourd et peu commode. De même, l'ancien pot à bière en étain masque la robe du breuvage, mais il est parfait pour la température.

Le gobelet, verre droit sans pied, permet d'apprécier les alts et les kölsch. Pour certaines lambics aromatiques, on choisira un gobelet plus évasé. Le gobelet allemand weizenbier est plus haut (sa contenance dépasse généralement le demi-litre) et légèrement évasé vers le bord, ce qui permet à la mousse épaisse caractéristique des bières au froment de s'étaler librement.

Parmi les autres verres utilisés pour la dégustation de bière, on peut citer le aleyard ou yard-of-ale anglais, un verre mince et allongé à fond arrondi qui contient généralement plus de deux pintes de bière (soit plus d'un litre) et que l'on ne peut poser que sur un support en bois conçu à cet effet; le stiefel (« botte » en allemand) en forme de botte contient plusieurs pintes; beaucoup plus petit, le cordial est parfait pour déguster de petites quantités de bière extra-fortes. En France, on connaît également le bock, dont la contenance correspond à un « demi de bière » (soit un quart de litre) et le double bock.

La manière de servir la bière dépend de la qualité du

« cru » et de la quantité de mousse désirée. Ainsi, la bière mousse moins lorsqu'on incline le verre pour la verser contre la paroi que lorsqu'on verse directement au centre du verre. La mousse est un bon indicateur de qualité et les bonnes bières présentent généralement une mousse épaisse ; si la bière ne mousse pas, cela signifie qu'elle est plate... ou que le verre est sale. De plus, la mousse fait ressortir les arômes de la bière et plus elle est épaisse, plus les arômes sont nets et puissants. Dans la plupart des cas, elle doit mesurer environ 2,5 cm d'épaisseur, moins pour les porters et les stouts, davantage pour les pilsners, les bières au froment et les ales fortes belges. Quelle que soit son épaisseur initiale, il faut qu'elle persiste pendant au moins une minute, mais il est normal qu'elle disparaisse au fur et à mesure que le niveau baisse, tout en laissant des traces nettes sur les parois (on parle alors de « dentelle de Bruges »).

Dans la mesure où les arômes se dissipent rapidement, il est conseillé de humer la mousse juste après avoir versé la bière afin d'en apprécier tout le bouquet et de déceler les parfums qui complètent ceux du malt, du houblon et de la levure. La fermentation des levures d'ale produit des esters qui libèrent des arômes fruités ou onctueux ; les lagers exhalent un bouquet plus sec d'herbes aromatiques. Comme nous l'avons vu dans le chapitre précédent, l'arôme du houblon diffère selon le moment du brassage où on incorpore les fleurs et adopte alors des notes végétales ou herbacées, balsamiques, florales ou épicées. Les termes grillé, chocolaté, biscuité, crémeux, note de noisette ou de céréale caractérisent plutôt les arômes du malt.

Le sens olfactif constitue un élément important de la dégustation et, lorsqu'on avale une gorgée de bière, il est bon d'inspirer profondément pour que les arômes se diffusent mieux. Le plaisir de la dégustation exige également une certaine pondération et, au lieu de l'engloutir sans attendre, il faut faire rouler la bière dans la bouche, d'autant que les papilles gustatives de l'amer, l'acide, le sucré et le salé sont situées dans différentes parties de la cavité buccale. Et il faut parfois plusieurs gorgées de bière pour en apprécier toutes les subtilités. Une bonne bière doit être bien équilibrée tout en conservant une certaine complexité : douceur du malt, nervosité du houblon, notes fruitées de la levure et toutes les saveurs des éventuels additifs. La fermentation introduit également un léger goût d'alcool, mais, sauf pour les bières extra-fortes, il doit rester discret. Pour décrire le goût du malt, on utilise les mêmes termes que pour le bouquet : les mots caramel, chocolat, café, brûlé, grillé, biscuité indiquent l'utilisation de malt touraillé ou torréfié ; le séchage sur feu de bois ajoute parfois une note fumée. De même, l'arôme du houblon peut être amer, citronné, acide ou astringent, végétal ou herbacé, épicé, etc. Le vocabulaire de la dégustation de bière comporte de nombreux noms d'épices et de fruits et l'on a souvent recours à des centaines d'autres mots pour décrire les innombrables impressions que ce breuvage procure.

On mesure le degré d'amertume de la bière en unités internationales d'amertume (International Bitterness Unit, IBU) qui correspond à la teneur en acides alpha du houblon. La plupart des bières au froment, par exemple, tournent autour de 10 à 20 IBU alors que l'Imperial stout peut atteindre 70 IBU et plus.

Pour décrire les saveurs qui persistent lorsqu'on a avalé la gorgée de bière, on parle de longueur en bouche et d'arrière-goût. Ici encore, l'arrière-goût doit être équilibré, franc et, surtout, agréable. Si la sécheresse de houblon a une grande influence sur l'arrière-goût, le corps de la bière en a autant. Ce dernier, qui désigne à la fois la texture et les arômes du breuvage, peut être plein, rond ou charnu, ou plutôt léger, coulant ou souple et à la rondeur peu prononcée.

Bien qu'elle ne soit pas directement liée aux plaisirs gustatifs, l'apparence, ou robe, de la bière est assez révélatrice. Toutefois, hormis le fait qu'elle doit correspondre au type de bière (méfiez-vous d'une stout jaune pâle), il ne faut pas lui accorder trop d'importance ; les bières blondes sont parfois bien plus fortes et charpentées que les brunes. Certes, c'est la couleur du malt qui détermine la couleur – et les arômes – de la bière, mais d'autres facteurs entrent également en jeu. En outre, certains brasseurs industriels fabriquent de la bière brune en se contentant d'ajouter des colorants alimentaires dans la lager ordinaire. Pour évoquer la couleur de la bière, on utilise le plus souvent les expressions suivantes (du plus clair au plus foncé) : blanche, pâle, blonde, dorée, ambrée, rousse, cuivrée, rouge, brune ou noire, avec de nombreuses variantes entre-deux. La méthode de référence SRM (pour Standard Reference Method) s'appuie sur une analyse spectrométrique pour classer les bières en fonction de leur couleur : plus la bière est claire, plus le nombre de SRM est faible.

De même, le degré de limpidité de la bière n'affecte en rien le goût et ne peut servir de référence si ce n'est qu'il doit correspondre au type de bière. Les bières au froment (bières blanches) et les bières en bouteille contiennent des sédiments, mais il faut se méfier d'une lager trouble lorsqu'elle est servie à la pression. Certaines bières parmi les meilleures sont naturellement troubles ou opaques, tandis que d'autres sont claires comme du cristal. Les sédiments ne doivent cependant former qu'une fine couche au fond de la bouteille. Au besoin, laissez décanter la bière avant d'ouvrir la bouteille.

LES TYPES DE BIÈRE

Les bières diffèrent pour toutes sortes de raisons, en fonction de la quantité ou de la variété de malt et de houblon, de la durée ou des températures de brassage, ou encore du type de fermentation, haute ou basse. En général, les bières à fermentation basse (lagers) sont plus veloutées et plus franches car la levure est plus efficace et les températures de fermentation et de maturation plus basses ; tandis que les bières à fermentation haute (les ales mais aussi les bières très fruitées) adoptent des arômes plus complexes. Vous trouverez ci-après une description des principaux types de bière parmi les plus répandus ou les plus traditionnels.

Ale forte belge : cette bière belge, riche et très alcoolique, ressemble au barley wine ou à l'old ale anglaise. Elle fermente avec des levures d'ale, mais on la conditionne à froid. Douce et maltée, elle adopte une couleur or blond à brun foncé. Les versions plus sombres sont généralement plus rondes et plus sucrées.

Ale rouge : l'ale rouge sombre de Flandre-Occidentale,

en Belgique (que l'on appelle parfois bourgogne des Flandres), doit sa teinte caractéristique au malt de Vienne et son acidité à la longue maturation en fûts de chêne. Légère à modérément ronde, elle n'est pas houblonnée. En général, on lui ajoute une bière plus jeune et plus sucrée ou du sirop de sucre afin de rompre son acidité.

Alt (ou Altbier) : en allemand, *alt* signifie « vieux » et le mot renvoie à l'ancien procédé de brassage qui annonçait le lagering. Il s'agit, en effet, de brasser la bière à des températures élevées (fermentation haute) comme pour les ales, mais de la conditionner à des températures plus fraîches, comme pour les lagers. La alt est maltée et astringente, de robe cuivrée ou ambrée à marron foncé. Bière traditionnelle, elle est née dans le nord de l'Allemagne, notamment dans la région de Düsseldorf, mais on la brasse de plus en plus au Japon et en Amérique du Nord.

Barley wine (vin d'orge) : cette ale anglaise doit son nom de « vin » à son titre alcoolique élevé qui peut atteindre deux à trois fois celui des autres ales. On la sert dans des verres à vin et certaines variétés en bouteille se bonifient avec le temps. Malté et très rond, le barley wine possède des arômes fruités qui se combinent avec un bouquet houblonné (afin d'équilibrer la douceur du malt, on y incorpore de grandes quantités de houblon). De robe ambre doré à marron, cette bière forte, longue en bouche, possède une richesse et une complexité qui en fait une bonne boisson d'hiver et accompagne bien les desserts.

Bière de garde : cette bière du nord-ouest de la France était jadis brassée en hiver pour être bue en été. Fabriquées avec de la levure d'ale ou de lager, les bières de garde sont assez épicées, légèrement houblonnées et très maltées, la présence de différentes variétés de malt leur conférant également des arômes fruités. À robe ambre foncé, elles sont souvent vendues en bouteilles à bouchon muselé comme le champagne.

Bitter : bien que le mot signifie « amer » en anglais, les bitters ne sont pas vraiment amères. À l'origine, bitter désignait les nouvelles bières houblonnées. Les bitters sont généralement sèches, chargées en houblon, avec un titre alcoolique assez faible. Pétillantes, elles vont de l'or au rouge ambré. Ce type spécifique de bière à la pression du Pays de Galles et de l'Angleterre se subdivise en versions aux saveurs plus complexes, plus pleines et plus alcooliques : la bitter ordinaire est la plus douce, suivie par la Special ou Best, et enfin par la Extra Special Bitter (ESB) qui est la plus maltée et la plus houblonnée de toutes.

Bock : lagers fortes mais veloutées et très maltées. Elles auraient été créées dans la ville de Einbeck (qui se prononce Ein-bock en allemand), en Basse-Saxe. La longue maturation leur donne un goût franc et plus nerveux, souvent légèrement chocolaté, et la présence de houblon équilibre le malt sans dominer. Les bocks les plus charpentées sont plutôt des bières de dessert. Les bocks américaines, brassées dans le Wisconsin, sont moins corsées que leurs cousines allemandes.

On classe les bocks en plusieurs variétés. Les plus traditionnelles vont du brun doré à brun foncé, elles sont maltées et douceâtres, et plus ou moins charnues. La doppelbock (double bock) est plus forte (mais pas deux fois plus) et plus maltée. La eisbock (le mot signifie « bière de glace ») est plus riche et plus alcoolique : on l'obtient en faisant geler la doppelbock pour retirer ensuite les cristaux de glace, ce qui renforce la concentration en alcool. La maibock et la hellesbock, modérément charpentées, sont des variantes plus pâles de la bock ; elles ont un goût malté, légèrement chocolaté, et l'amertume due au houblon est plus prononcée.

Brown Ale (ale brune) : ale anglaise en bouteille, plus foncée que la pale ale, mais douce et veloutée. Saveur maltée enrichie de notes fruitées ou de noisette ; légère amertume du houblon qui équilibre la douceur sucrée. Les ales brunes du nord de l'Angleterre sont plus sèches et plus alcooliques que les versions brassées dans le Sud qui sont par ailleurs plus foncées. Boisson traditionnelle des ouvriers anglais, cette ale gagne du terrain aux États-Unis où elle adopte des arômes plus houblonnés (comme c'est souvent le cas avec les versions américaines des ales anglaises). Toutes les ales brunes sont moyennement rondes.

Les ales brunes de Belgique sont très différentes. Plutôt rougeâtres, les oud bruin (brune tradition-nelle en flamand) de Flandre-Orientale possèdent des arômes complexes de malt et de levure, et une saveur douce-amère caractéristique due à la longue fermentation. En outre, elles sont plus fruitées et moins houblonnées que les anglaises.

Cream Ale : cette ale américaine veloutée a été créée par les brasseurs d'ales qui tentaient de copier la pilsner avec des levures de lager à fermentation basse (ou en mélangeant des levures de lager et d'ale) qu'ils faisaient fermenter à haute température avant de procéder au conditionnement à froid. La cream ale est une blonde très claire, modérément ronde, assez sucrée et très pétillante ; faiblement houblonnée, tant en bouquet qu'en bouche.

Dortmunder (ou Dortmunder Export) : la bière tra-ditionnelle de la ville de Dortmund, en Allemagne, est une lager forte à la rondeur plus ou moins pro-noncée, mais moins houblonnée et légèrement plus sucrée que la pilsner. Sèche en bouche, elle bénéficie d'un parfait équilibre entre la douceur du malt et l'amertume du houblon. Robe pâle à dorée.

Dunkel (ou Münchner Dunkel) : la bière brune (dun-kel signifie « brun » en allemand) de la ville de Munich est douce et très maltée, presque épicée avec des notes de chocolat ou de caramel. Les arômes houblonnés équilibrent la douceur du malt sans introduire d'amertume. Assez ronde, elle est cuivrée à brun foncé.

Helles (ou Münchner Helles) : version plus pâle de la dunkel (helles signifie « pâle » ou « clair » en alle-mand), cette lager munichoise pâle ou dorée est bien équilibrée, quoique plutôt maltée. Plus légère que la dortmunder, la helles est cependant plus lourde et moins houblonnée que la pilsner.

India Pale Ale (ou IPA) : pale ale mise au point en Angleterre pour supporter les longues traversées jusqu'aux lointaines colonies de l'Empire britan-nique comme les Indes. Les IPA actuelles possèdent la teneur élevée en alcool et en houblon qui assu-raient la conservation des bières d'origine, et sont assez rondes et amères, même si les arômes maltés équilibrent légèrement l'amertume du houblon. Afin de retrouver les notes boisées dues au long séjour dans les fûts des navires, certains brasseurs gardent la bière IPA dans des fûts de chêne. Robe dorée à ambrée.

Irish Ale ou Irish Red Ale (ale irlandaise) : ale assez sucrée, maltée et légèrement houblonnée, qui doit sa coloration rougeâtre à la présence d'orge grillée. Légère à modérément ronde, cette bière rousse irlandaise a été modelée par les traditions brassicoles écossaises. Il en existe également des versions lagers.

Kölsch : bière blonde allemande, de type alt, douce-amère à modérément amère. Souvent trouble car elle n'est pas filtrée, mais goût franc. Légère à modérément ronde, elle est rafraîchissante. Pour bénéficier du nom, la kölsch doit être brassée à Cologne par un membre de la guilde des brasseurs de la ville.

Lambic : seules bières qui bénéficient encore de la fermentation spontanée, les lambics comportent de nombreuses variétés, notamment fruitées. Le nom leur vient de la ville belge de Lembeek et elles doivent comporter au moins un tiers de froment cru. Elles ont un goût astringent et franc, et le houblon n'intervient que pour la conservation sans laisser de parfum ou d'arôme. Modérément rondes, les lambics sont peu pétillantes et assez voilées. On les fait vieillir dans de grands tonneaux en bois pendant trois à douze mois. Certaines sont mises en bouteille telles quelles tandis que d'autres sont mélangées avec des lambics plus âgées. Il en existe plusieurs catégories, par exemple :

Faro : lambic peu alcoolique, additionnée de sucre ou de sucre candi ; douce-amère aux arômes complexes ; trouble et de couleur pâle à dorée.

Gueuze : on mélange des lambics âgées et des lambics jeunes qui provoquent une fermentation secondaire avant de laisser la bière vieillir en bouteille pendant six mois, un an ou plus.

Framboise ou Frambozen : lambic parfumée à la framboise, de couleur ambrée légèrement pourpre.

Kriek : lambic parfumée avec des cerises.

Märzen ou Oktoberfest (bière de mars) : variante munichoise du type Vienne, cette lager ambrée ou cuivrée était autrefois brassée au mois de mars (*März* en allemand) pour vieillir pendant l'été afin d'être dégustée lors de l'Oktoberfest. Elle ressemble aux bières de type bock, mais en moins chocolatée car le houblon vient équilibrer les saveurs maltées. Veloutée avec une certaine rondeur.

Mild (ou Mild Ale) : boisson traditionnelle des ouvriers anglais qui prédominait il y a encore peu de temps en Angleterre et au Pays de Galles. Le terme « mild » (doux en anglais) renvoie à la faible teneur en houblon. Les milds ne sont pas amères, plutôt maltées et sucrées, et assez peu alcooliques. Si certaines sont blondes à cuivrées, la plupart ont une robe brun foncé.

Old Ale (ou Strong Ale ou Stock Ale) : ale brune, anglaise, légèrement moins alcoolique que le barley wine. Riche et forte, maltée, à la rondeur prononcée et à la couleur ambre soutenu. Bonne bière de garde, elle peut être vieillie pendant plusieurs années. Très appréciée comme bière d'hiver.

Pale Ale (ale blonde) : l'ale anglaise classique est plutôt bronze ou ambrée que blonde, mais elle a été ainsi baptisée pour se distinguer des stouts et des porters brunes ou noires. Très chargée en houblon, elle a un bouquet et des arômes assez amers qui tendent à dominer les arômes maltés ou fruités. Les ales blondes américaines sont plus légères et moins maltées que les anglaises et leur arôme houblonné plus astringent.

Le bouquet des ales blondes belges est épicé et leurs arômes dégagent des notes fruitées et de malt grillé. Elles sont plus sucrées que les ales blondes anglaises et américaines, mais elles sont généralement plus fortes et plus pétillantes.

Pilsner : les premières pilsners ont vu le jour en Bohème, dans la ville de Plzen (ou Pilsen en allemand), en 1842 et elles dominent aujourd'hui le marché mondial de la bière. Les pilsners tchèques possèdent un caractère complexe mais bien équilibré en malt, un arôme houblonné fleuri et une saveur sèche en bouche. Le houblon introduit une note délicatement amère sans dominer. Les pilsners alle-mandes, souvent désignées par le nom de «pils», sont plus légères et plus acides, et n'ont pas la com-plexité des lagers blondes d'origine, mais comme les pilsners tchèques, elles font montre d'une rondeur plus ou moins prononcée.

Très répandues aux États-Unis, où elles sont sim-plement désignées par le mot «lager», les pilsners américaines sont assez peu charpentées, notamment parce qu'elles contiennent des additifs comme le riz et le maïs, et sont plus pétillantes. Elles offrent un bouquet malté, doux et quelques notes houblonnées qui persistent en bouche. Pour obtenir des lagers brunes, les grandes brasseries américaines ajoutent des malts bruns aux lagers ordinaires. Certaines lagers très alcooliques mais plutôt légères portent le nom de jus de malt *(malt liquor)*.

Porter : ces bières brunes, parfois noires, assez sèches, à la robe généralement opaque, sont cependant légè-rement plus claires que les stouts. Elles sont nées de la pratique des tenanciers de pubs anglais qui avaient pris l'habitude d'allonger les vieilles cuvées avec de la bière plus jeune, plus légère et moins chère, pour obtenir de la «bière entière». La légende raconte que cette bière était la boisson préférée des porteurs de la gare Victoria à Londres, d'où le nom de «porter».

Les porters fortes sont des bières à la rondeur assez prononcée qui laissent un goût amer de cho-colat et de malt noir que vient renforcer l'amertume du houblon pour donner des saveurs très com-plexes. La porter brune *(brown porter)* est plus claire et plus légère, l'amertume du houblon et la douceur du malt moins prononcées et mieux équili-brées.

Rauchbier : les bières allemandes fumées (*Rauch* signifie «fumée») doivent leurs arômes au malt séché au feu de bois de hêtre. Le goût de fumée est plus ou moins prononcé, mais il domine toujours la douceur ou l'amertume du breuvage. Robe ambre foncé à brun soutenu. Brassée en lager aussi bien qu'en ale, la rauchbier est née dans la ville de Bamberg, en Bavière.

Saison (ou Sezuen) : bière belge rafraîchissante, légèrement acide, la saison est une ale épicée qui était brassée en hiver pour être consommée en été. Assez ronde et généralement très pétillante, elle adopte une robe cuivre à orangée. Elle est vendue en bouteille bouchée de liège où elle se bonifie.

Schwarzbier (bière noire) : bière allemande originaire de la région de Köstritz, en ex-RDA, qui est de plus en plus brassée au Japon. Très foncée, presque noire, cette bière est cependant modérément charpentée. Avec son goût prononcé de chocolat amer, c'est une bière puissante en bouche aux arômes maltés. Et bien qu'elle ait été brassée à l'origine par fermentation haute, elle est désormais classée parmi les lagers.

Scottish Ale : les ales d'Écosse sont généralement plus maltées, moins houblonnées et plus rondes que les ales anglaises. On les classe en fonction de leur teneur en alcool en Light (légère), Heavy (forte) ou Export (extra-forte), mais, en Écosse, elles sont classées en fonction de leur force évaluée à partir de leur prix au xixᵉ siècle (60, 70 et 80 shillings d'après l'ancien système monétaire britannique). Les plus fortes, les Scotch strong ale ou tout simplement Scotch ales, font partie de la classe des 90 shillings ou 120 shillings et possèdent des arômes et des saveurs prononcées de fumée dus à l'emploi d'orge torréfiée ou de malt brun.

Seigle : le seigle apparaît de plus en plus souvent dans de nouvelles bières pour compléter l'orge maltée mais, en Allemagne et en Autriche, on brasse encore la roggen, bière traditionnelle au seigle. Dans les régions plus froides du nord de l'Europe, on utilisait plutôt le seigle que l'orge, et ce bien qu'il soit plus difficile à brasser.

Steam Beer ou California Common (bière vapeur) : il s'agit d'une bière mise au point en Californie à l'époque de la Ruée vers l'or, vers le milieu du xixᵉ siècle. Ce croisement entre les ales et les lagers est obtenu avec des levures de lager mais fermenté à haute température dans des grandes cuves peu profondes. Le procédé donne une bière peu houblonnée, tant au niveau du bouquet que des arômes en bouche, et une robe ambre clair. La marque

Steam Beer appartient désormais à Anchor Brewing Company de San Francisco, mais l'appellation tire son origine de ce que les tonneaux sifflaient lorsqu'on les perçait.

Steinbier (bière de pierre) : pour fabriquer cette spécialité allemande, on utilise une méthode primitive qui consiste à chauffer des pierres au rouge avant de les plonger dans le moût pour faire bouillir celui-ci. Les pierres se couvrent alors de cristaux de sucre caramélisé que l'on remet dans la bière verte pour déclencher une fermentation secondaire pendant la maturation. La steinbier a un goût fumé mais doux et sa robe est brun violacé.

Stout : issue d'une variété très charpentée, plus robuste (*stout* en anglais) de porter, la stout a rapidement adopté un style qui lui est propre. Il n'est guère facile de distinguer une stout d'une porter, mais la stout est généralement plus sombre, presque opaque, et plus ronde. On classe les stouts en plusieurs catégories :

Dry Stout (ou Irish Stout) : bière traditionnelle rendue célèbre par Guinness, la dry (sèche) mérite bien son nom. Son goût aux notes grillées lui vient de l'orge torréfiée mais non maltée qui entre dans sa composition. La teneur en houblon fournit une amertume plus ou moins prononcée. La robe est noire, très opaque, et le corps d'une rondeur prononcée.

Sweet Stout : dans la région de Londres, on brassait des stouts moins fortes et plus moelleuses et aujourd'hui, on les adoucit davantage en ajoutant du sucre. Ces stouts douces étaient jadis appelées *milk stout* (« stout au lait ») à cause de la présence de lactose, mais le terme a été interdit car il laissait entendre que la bière contenait du lait. Ronde à charnue, la sweet stout est à base de malt chocolat, ce qui adoucit le goût de grillé mais la rend plus fruitée que la dry, et elle est peu chargée en houblon.

Oatmeal Stout : pour cette stout plus sucrée, on prépare le malt en complétant l'orge par de l'avoine maltée (quoique certains brasseurs se contentent d'incorporer de la farine d'avoine dans le moût) pour donner à la bière une rondeur plus prononcée et faire ressortir les notes de café torréfié ou de caramel.

Russian Imperial Stout : la bière préférée de la Grande Catherine, impératrice de Russie, était une stout extra-forte brassée de manière à supporter le voyage. Elle possède des arômes fruités qui accompagnent le bouquet de malt grillé. Charnue, elle libère un léger parfum d'alcool et sa robe va du cuivre foncé au noir très sombre.

Autres stouts : bien qu'elle ait pratiquement disparu, la stout à l'huître *(Oyster Stout)* était jadis très prisée, notamment dans les villes portuaires. Elle contenait parfois des huîtres mais plus souvent de l'extrait. Certaines micro-brasseries proposent des stouts espresso, mais elles doivent plus souvent leur nom à leurs arômes torréfiés qu'à la présence de grains de café écrasés.

Trappistes et bières d'abbaye : l'appellation « trappiste » ne s'applique qu'aux bières brassées dans l'un des cinq monastères trappistes de Belgique ou dans celui des Pays-Bas. L'appellation « bière d'abbaye » désigne les bières brassées ou vendues par les autres ordres religieux, ou qui s'inspirent simplement de la recette des trappistes. Très diverses, les bières des trappistes ou d'abbaye sont cependant plutôt fortes et riches, généralement vendues en bouteille. Certaines sont douces, d'autres plus sèches, mais la plupart sont très maltées. On classe les bières des trappistes en fonction de leur force (*dubbel* – double – ou *tripel* – triple). Les bières ordinaires sont destinées à la consommation des moines ; la dubbel est plus foncée et plus charnue, elle offre des arômes plus riches et plus fruités, avec des notes de fruits secs, et un goût plus sucré ; la tripel est la plus forte des trappistes, mais aussi la plus claire.

Vienne : ces lagers rouge ambré ont été créées vers 1840 par l'Autrichien Anton Dreher. Elles présentent une certaine rondeur et un goût grillé, très malté, que vient mettre en valeur la délicate amertume du houblon. Les märzen allemandes en sont le meilleur exemple.

Weizen (ou Weissbier) : il s'agit de bières allemandes au froment (*weizen* signifie blé) également connue sous le nom de bières blanches *(Weissbier)*. Le terme « weizen » désigne plutôt des bières au froment de Bavière et du sud de l'Allemagne, tandis que le terme «weisse» est réservé aux bières au froment brassées dans la région située au nord de Berlin. Dans tous les cas, la bière au froment contient de 50 à 60 % de blé malté, même si certains brasseurs se contentent de 20 %, voire seulement du blé cru non malté. Bières à fermentation haute, elles adoptent les arômes complexes des ales, souvent très fruités ou légèrement épicés de notes de clou de girofle ou de banane. Si elles sont peu houblonnées, elles sont parfois délicieusement acides ou astringentes. Les bières allemandes au froment sont pétillantes, assez rondes, et très rafraîchissantes, parfaites pour l'été. La version du Nord, Berliner weisse, est moins alcoolisée mais plus acide et les amateurs lui ajoutent parfois du jus de framboise ou d'aspérule pour l'adoucir.

La plus connue, hefeweizen, est une bière non filtrée qui contient de la levure en suspension et possède ainsi une robe trouble. En revanche, la kristallweizen est filtrée et possède un goût plus franc et plus velouté, dénué des arômes levurés de la hefeweizen. Plus foncée, la dunkelweizen à la robe cuivrée associe la légère amertume de la bière au froment aux arômes grillés et aux notes chocolatées des malts plus foncés ; elle est plus ronde que les autres weizen. La weizenbock est une bock bien charpentée à base de malt de froment ; sa robe va du cuivré au marron foncé, les brunes les plus sombres offrant par ailleurs des arômes et des saveurs grillées très nettes.

Aux États-Unis, on brasse de plus en plus de bière au froment. Elle est généralement moins forte que les weizen allemandes, mais tout aussi pétillante et rafraîchissante. On l'apprécie notamment avec une rondelle de citron.

Witbier (bière blanche) : les bières au froment belges sont à base de blé cru généralement parfumé avec des épices telles que les écorces d'orange ou la coriandre. Plus fruitées et moins acides que leurs cousines allemandes, elles sont assez légères à rondes, très pâles (*wit* signifie «blanc») et, parce qu'on leur ajoute de la levure en cours de maturation, naturellement troubles.

Bières spécialités : outre les types indiqués ci-dessus, il existe une multitude de bières qui contiennent d'autres ingrédients que les quatre de base et offrent des boissons très différentes des bières classiques. On les parfume par exemple avec du miel, du chocolat, du sirop d'érable et diverses herbes et épices (cannelle, clou de girofle, coriandre, noix muscade ou estragon, voire piments entiers). Pour enrichir une ale ou une lager ordinaire, on peut également ajouter des abricots, des myrtilles, des cerises, du citron, de l'orange, des framboises et bien d'autres fruits, entiers ou sous forme de jus et d'extraits. En Belgique, on fabrique des bières aux fruits depuis longtemps et les lambics sont connues dans le monde entier. Aux États-Unis, les bières aux fruits constituent également une tradition ancienne. La wassail saisonnière en est l'un des exemples ; on servait cette ale forte pendant les fêtes d'hiver et aujourd'hui encore, on la déguste souvent tiède avec des épices et des fruits. Le terme « wassail » vient de l'anglais médiéval et signifie « santé ».

LA BIÈRE ET LA TABLE

L'HARMONIE DE LA BIÈRE ET DES METS

En France, on a plutôt l'habitude de déguster la bière sans autre accompagnement, pour se rafraîchir ou après le dîner pour prolonger la soirée, mais elle fait merveille à l'heure du repas. Il y a deux manières d'assortir la bière aux mets : elle peut venir compléter les saveurs – kriek sur une tarte aux cerises ou rauchbier fumée sur des grillades – ou équilibrer et contraster les parfums – gueuze sucrée sur un fromage bleu salé. Toutefois, il faut également veiller à conjuguer les arômes pour éviter qu'une bière trop forte ne masque les saveurs subtiles d'un mets délicat et inversement. En règle générale, on servira les bières légères avec des plats légers, les bières fortes avec des plats riches ou très relevés.

Le plus simple est de choisir la bière en fonction de l'origine géographique du plat : lager blonde comme la Singha avec un repas thaïlandais, märzen avec de la charcuterie allemande ou lager Vienne mexicaine avec du chili con carne. Les quelques indications suivantes devraient vous aider dans votre choix.

Apéritif : les saveurs sèches et amères de la bière ouvrent l'appétit. Commencez par une bière très légère qui rincera le palais afin que vos papilles restent réceptives aux saveurs du repas.

Fromages : la bière doit être aussi acide que le fromage. Les bières douces ou amères équilibrent les fromages salés ; les bières aux notes veloutées de porto ou de xérès comme les old ales anglaises ou le barley wine conviennent mieux aux fromages goûteux ; les bières fumées comme la rauchbier et certaines stouts et porters se marient bien avec les fromages fumés. Pensez également à associer les bières et les fromages de même origine géographique.

Soupes : sur les potages légers, servez des blondes sèches et houblonnées ; sur les soupes épaisses ou contenant de la viande, présentez plutôt des bières maltées et épaisses comme les Scotch ales.

Salades : pour les salades composées, préférez une bière

Plats	Choix de bières	
Apéritif	ale belge	pale ale
	lambic aux fruits	ale des trappistes
Fromage	gueuze	porter
(doux)	old ale anglaise	ale des trappistes
Fromage	barley wine	gueuze
(fort)	bière de garde	old ale
	porter	stout
	rauchbier	ale des trappistes
Soupes	pilsner (pour les potages légers et la soupe à l'oignon)	
	Scotch ale (pour les soupes à la viande)	
Salades	gueuze	pale ale
	bière au froment	
Asperges	trappiste tripel	pale ale
Poisson	pale ale	lager blonde
	pilsner	bière au
	witbier	froment
Fruits de mer	pale ale	stout
	pale lager	wheat
	porter	
Volailles	bock ou doppelbock	ale des trappistes
et gibiers	ale brune	lager brune
	lager type Vienne	lambic aux fruits
	ale d'hiver ou épicée	
Mouton	pale ale	ale brune
Porc	lager type Vienne	maibock
	pale ale	ale au froment
	ale des trappistes	

légère. Les notes épicées des bières houblonnées comme la pale ale se marient bien avec la salade verte. Si la sauce comporte du vinaigre, optez pour une bière plus astringente.

Poisson : les bières blondes et sèches font ressortir les saveurs délicates du poisson sans les masquer.

Fruits de mer : l'acidité de la bière convient parfaitement

Plats	Choix de bières	
Saucisses	Bière allemande au froment	rauchbier
	lager type Vienne	märzen
Hamburgers	pale ale	lager blonde
Bœuf rôti	ale brune	pale ale
	old ale	porter
Grillades	pale ale	rauchbier
	porter	stout
Steak	pale ale	porter
Viandes rôties	lager type Vienne	lager brune
Viandes, fromages et poissons fumés	porter	rauchbier
Pizza	ale rouge belge	pilsner
	märzen	pale ale
	lager type Vienne	
Plats épicés	bock	ale brune
	ale rouge belge	bière au piment
	lager type Vienne	
Cari et plats indiens	pale ale	
	lager blonde	
Desserts à la crème *(chocolat, glaces, entremets)*	barley wine	eisbock
	doppelbock	Imperial stout
	porter	ale des trappistes
Desserts aux fruits	lambic aux fruits	porter
	ale d'hiver ou épicée	stout
	bière au froment	witbier
Digestif	barley wine	doppelbock

au goût salé des fruits de mer. Goûtez par exemple une porter ou une stout sèches avec les huîtres pour reprendre la tradition anglaise qui consistait à glisser une huître entière dans une pinte de stout.

Volailles et gibier : les bières un peu amères contrastent agréablement avec les forts arômes du gibier, tandis que les bières douces, maltées, les complètent. Pour apporter une note de fête au réveillon de Noël, accompagnez la dinde ou l'oie d'une bière d'hiver fruitée ou épicée, notamment si la recette comporte des baies ou des fruits.

Viandes rouges : pour que la bière rivalise avec les saveurs charpentées de la viande rouge, elle doit être assez forte et épaisse comme les brunes.

Grillades : avec les grillades, on pense aussitôt à la bière fumée, mais celle-ci risque de dominer les saveurs. Les bières sèches, pale ales, porter ou stout (notamment celles qui présentent une note légèrement « brûlée ») seront idéales. Les bières amères, houblonnées et très rondes en bouche accompagneront parfaitement les sauces sucrées.

Pizza : complétez la douceur des tomates avec une bière maltée, légèrement sucrée, märzen ou lager Vienne. L'ale rouge belge accompagne également fort bien les notes épicées de la pizza.

Cuisine mexicaine, indienne et thaïlandaise : les bières sèches et houblonnées rafraîchissent le palais enflammé par ces cuisines exotiques.

Desserts : sur le chocolat, rien ne rivalise avec une bière maltée, riche et sucrée, notamment la doppelbock avec ses notes de cerise, ou la Imperial stout qui possède des arômes de chocolat ou de café. Pour les desserts aux fruits, préférez des bières aux fruits ou jouez sur les contrastes avec une porter ou une stout sèches.

Digestifs : autant la bière doit être légère et sèche à l'apéritif, autant elle peut être forte, riche et sucrée, à savourer le plus lentement possible, en fin de repas.

LA CUISINE À LA BIÈRE

En Europe, l'histoire de la cuisine à la bière est ancrée dans les traditions avec des recettes comme la carbonade flamande, ragoût de bœuf et d'oignons qui mijote dans une sauce à la bière (voir recette ci-après) ou le pain au gingembre que les Écossais parfument à l'ale. De même, nos voisins anglais concoctent des pies à l'ale ou des ragoûts de bœuf à la Guinness, les Irlandais font pocher le saumon dans la porter et les Alsaciens enrichissent le poulet d'une savoureuse sauce à la lager.

La cuisine à la bière connaît un regain d'intérêt et l'on ne compte plus les recettes, ragoûts moelleux, escalopes ou grillades marinées, soupes et sauces, qui comportent de la bière. Celle-ci satisfait en outre les préoccupations croissantes en matière de diététique car l'alcool s'évapore à la cuisson et il ne subsiste ni graisse ni cholestérol dans le plat, ce qui en fait un substitut idéal pour les lourdes marinades et les sauces à base de beurre, d'huile ou de crème fraîche.

Les bars à bière, qui servent un assortiment de plus en plus vaste de marques, commencent à proposer également à leurs clients des amuse-gueule à déguster en buvant leur demi favori. Dans certains pays, la mode de la cuisine à la bière a incité les passionnés à ouvrir des restaurants où la bière accompagne tous les plats, eux-mêmes réalisés avec de la bière.

Dans de nombreuses recettes, il suffit de remplacer le vin, le bouillon ou l'eau par de la bière pour inventer un plat original. Les bières légères, ales et lagers blondes, allègent les pâtes à pain ou à crêpes en les relevant délicieusement. Cuites à la vapeur de bière, les moules, les crevettes et autres coquillages et crustacés adoptent un merveilleux zeste d'acidité qui contraste avec le goût de sel des produits de la mer ; mijotés dans une bière sucrée (gueuze par exemple), ils se parent d'arômes exotiques. De même, il suffit d'ajouter un peu de bière à la marinade pour parfumer délicatement les volailles ou les saucisses grillées.

Chacun des ingrédients qui entrent dans la composition de la bière libère des arômes distincts qui relèvent les plats les plus ordinaires. La levure, amère et fruitée, réveille les papilles et équilibre la richesse des plats en sauce ; le malt apporte sa douceur et son petit goût de noisette ; et le houblon introduit des notes épicées plus complexes. L'art du cuisinier consiste donc à décliner les caractéristiques de chaque type de bière en fonction du résultat souhaité. N'oubliez pas que la cuisson accentue l'amertume de la bière et évitez d'utiliser des bières très houblonnées. Notamment pour les cuissons prolongées, optez plutôt pour une bière maltée. Pensez aussi à la couleur : les bières brunes foncent les plats et risquent de donner une allure peu appétissante aux mets les plus raffinés.

Voici quelques recettes faciles à la bière. Essayez-les et... bon appétit !

LES RECETTES À LA BIÈRE

PÂTE À CRÊPES À LA BIÈRE

pour 2 ou 3 personnes

350 g de farine
3 cuillerées à soupe de sucre en poudre
1/2 cuillerée à café de sel fin
6 cuillerées à soupe de beurre fondu (à température ambiante)
2 œufs entiers, légèrement battus
1 cuillerée à café d'extrait de vanille
2 cuillerées à café de zeste d'orange râpé
1 cuillerée à soupe de jus d'orange
350 ml de pale ale

Mélanger la farine, le sucre et le sel. Ajouter les autres ingrédients en fouettant pour obtenir une pâte lisse. Laisser reposer. Juste avant de faire cuire les crêpes à la poêle, remuer délicatement pour bien homogénéiser la pâte.

SOUPE À L'OIGNON

pour 6 personnes

50 g de beurre
4 oignons moyens, émincés
50 ml d'huile d'olive
2 cuillerées à soupe de sucre roux
1,5 litre de bouillon de bœuf
650 ml de bière pilsner
30 ml de cognac, de xérès, de vin blanc sec ou de bourgogne
1 cuillerée à soupe de thym frais (ou 1/2 cuillerée à soupe de thym séché)
sel et poivre à volonté
1 cuillerée à soupe de sauce Worcestershire
1 cuillerée à soupe de moutarde de Dijon
6 tranches de baguette pour les croûtons
parmesan ou romano frais râpé

Faire fondre le beurre dans une grande casserole. Ajouter

l'huile d'olive et les oignons et faire revenir à feu modéré sans laisser prendre couleur (5 à 10 minutes). Ajouter le sucre roux et faire dorer les oignons en remuant régulièrement. Mouiller avec le bouillon et laisser frémir sans cesser de remuer pour bien déglacer les sucs. Ajouter la bière, l'alcool ou le vin, le thym, le sel et le poivre, la sauce Worcestershire et la moutarde. Amener à ébullition. Baisser le feu et laisser mijoter une heure à couvert en écumant régulièrement. Faire dorer les tranches de baguette. Verser la soupe dans les soupières individuelles jusqu'aux trois-quarts. Ajouter les croûtons par-dessus et saupoudrer de fromage râpé. Faire gratiner la soupe au four.

Suggestions d'accompagnement : porter, pilsner sèche, ale des trappistes.

Soupe au fromage du Wisconsin

pour 6 personnes

4 cuillerées à soupe de beurre

50 g de carottes, hachées

50 g de céleri, haché

100 g d'oignons, hachés

5 cuillerées à soupe de farine

1 cuillerée à café de paprika

1 cuillerée à café de moutarde en poudre

1 cuillerée à soupe de sauce Worcestershire

350 ml de bière (porter ou bock pour une saveur plus forte)

250 ml de bouillon de volaille

500 g de cheddar râpé

250 ml de crème fouettée

sauce tabasco à volonté

pop-corn

Faire sauter les carottes, le céleri et les oignons dans le beurre. Saupoudrer de farine et faire cuire 3 minutes à feu doux sans laisser prendre couleur. Ajouter le paprika, la moutarde, la sauce Worcestershire, la bière et le bouillon en fouettant pour lier le tout. Amener à ébullition. Baisser le feu et laisser mijoter 5 à 10 minutes en déglaçant les sucs. Hors du feu, incorporer la crème fouettée et le tabasco. Pour retrouver la saveur authentique de cette soupe américaine, garnir les assiettes de pop-corn.

Suggestions d'accompagnement : ale des trappistes, old ale, porter, rauchbier.

POULET EN SAUCE À LA BIÈRE

pour 4 personnes

1 poulet de 2 kg découpé en 8 portions, ou 8 petites
escalopes de poulet avec les os et la peau (environ 800 g)
sel
poivre noir fraîchement moulu
3 cuillerées à soupe de beurre
1 oignon, haché
1 gousse d'ail, hachée
2 feuilles de laurier
2 clous de girofle
1 cuillerée à café de sauge fraîche hachée
750 ml de bière blonde ou ambrée
1 cuillerée à soupe de farine
1/2 cuillerée à café de noix muscade
3 jaunes d'œufs, battus
250 ml de crème fraîche épaisse

Frotter le poulet avec du sel et du poivre. Dans une cocotte, faire fondre 2 cuillerées à soupe de beurre et dorer les
morceaux de poulet sur toutes les faces. Ajouter l'oignon,
l'ail, le laurier, les clous de girofle, la sauge et la bière.
Amener à ébullition, baisser le feu et laisser mijoter environ
40 minutes pour bien attendrir le poulet. Ôter les morceaux
de poulet et réserver au chaud. À feu modéré, faire réduire
le liquide du tiers. Dans une casserole, faire fondre 1 cuillerée à soupe de beurre. Ajouter la farine et faire cuire ce
roux 2 minutes sans cesser de remuer. Incorporer
progressivement le bouillon de cuisson du poulet dans le
roux et ajouter la noix muscade. Laisser mijoter encore 10
minutes. Dans un bol, battre la crème et les œufs et, sans
cesser de fouetter, ajouter le roux allongé. Remettre la sauce
dans la cocotte et réchauffer à feu doux en remuant bien et
sans laisser bouillir. Jeter le laurier et les clous de girofle,
napper le poulet de sauce et servir avec des pâtes fraîches.
Suggestion d'accompagnement : ale brune.

CHILI CON CARNE AUX TROIS HARICOTS

pour 10 personnes

4 cuillerées à soupe d'huile d'olive
2 gros oignons, hachés
12 belles gousses d'ail, émincées

5 cuillerées à café de cumin moulu

4 cuillerées à café bombées d'origan séché

50 g de piment chili en poudre

2 cuillerées à café de poivre de Cayenne

2 poivrons verts

1 poivron rouge

3 belles tomates

750 ml de lager märzen mélangée avec 75 g de semoule de maïs (polenta)

500 ml de bouillon de bœuf ou de volaille

2 boîtes de 500 g de haricots blancs, égouttés

2 boîtes de 500 g de haricots noirs, égouttés

2 boîtes de 500 g de haricots rouges, égouttés

sel et poivre à volonté

crème aigre (ajouter quelques gouttes de vinaigre dans la crème fraîche), fromage râpé

Dans une cocotte à feu modéré, faire chauffer l'huile. Ajouter les oignons et faire suer sans laisser prendre couleur. Baisser le feu et ajouter l'ail, le cumin et l'origan. Faire revenir 5 minutes. Ajouter le chili en poudre et le poivre de Cayenne et laisser cuire 1 minute. Ajouter les poivrons et faire sauter 3 minutes. Ajouter la bière, le bouillon, les haricots et les tomates. Laisser mijoter 40 minutes en remuant régulièrement. Saler et poivrer. Servir avec la crème aigre et le fromage râpé.

Suggestion d'accompagnement : bock

CARBONADE FLAMANDE

pour 6 personnes

1,2 kg de bœuf sans os (mélange pour bourguignon ou daube) détaillé en cubes de 5 cm

125 g de lardons

4 oignons moyens, émincés

1 gousse d'ail, émincée

3 cuillerées à soupe de farine

250 ml d'eau

500 ml de lambic, de stout ou d'ale brune flamande

1 feuille de laurier

1 cuillerée à soupe de cassonade (ou sucre roux)

1 cuillerée à soupe de moutarde de Dijon

2 cuillerées à café de sel

1 cuillerée à café de feuilles de thym séchées

1 cuillerée à café de poivre noir du moulin
1 cuillerée à soupe de vinaigre de vin rouge
persil haché
pâtes fraîches pour servir

Faire dorer les lardons dans une cocotte. Réserver. Dans 2 cuillerées à soupe de graisse de cuisson des lardons, faire suer les oignons et l'ail 10 minutes. Réserver. Utiliser le reste de la graisse pour dorer les morceaux de bœuf sur toutes les faces (environ 15 minutes). Saupoudrer de farine et mouiller légèrement avec de l'eau. Ajouter les oignons, la bière, le laurier, la cassonade, le sel, le thym et le poivre. Si nécessaire, ajouter de l'eau pour bien recouvrir le tout. Amener à ébullition, baisser le feu et laisser mijoter 1 heure à 1 heure 30 à feu doux pour que la viande soit bien tendre. Jeter le laurier. Arroser de vinaigre, garnir de lardons et de persil, et servir avec des pâtes fraîches.

Suggestions d'accompagnement : ale brune, old ale, ale blonde, porter

SAUCISSES PIQUANTES À LA BIÈRE

Version américaine : saucisses américaines
bière
oignons émincés

Suggestion d'accompagnement : pale ale américaine

Version allemande : saucisses allemandes
bière
oignons émincés

Suggestion d'accompagnement : bière au froment allemande, märzen

Version italienne : saucisses italiennes
bière
oignons émincés

Suggestion d'accompagnement : lager type Vienne

Faire sauter les oignons à feu modéré dans un peu de bière. Ajouter les saucisses et couvrir de bière. Faire réduire de moitié. Laisser dorer quelques minutes sur le feu pour que la peau des saucisses soit bien croquante en la piquant de temps en temps avec la pointe d'une fourchette.

CAKE SUCRÉ À LA BIÈRE ET AU FROMAGE

450 g de farine
2 cuillerées à café de bicarbonate de soude
100 à 150 g de sucre en poudre

cheddar râpé

350 ml de bock ou de lager brune

Préchauffer le four à 180°C (thermostat 4). Mélanger tous les ingrédients et verser la pâte dans un moule à cake graissé. Faire cuire 30 minutes à four chaud.

LES COCKTAILS À LA BIÈRE

Sauf mention contraire, les quantités correspondent à un verre

BUSTER

33 cl de bière glacée

4 traits de vodka frappée

sauce tabasco

Verser tous les ingrédients dans une chope givrée et remuer délicatement.

BLACK VELVET

25 cl de champagne frappé

25 cl de stout frappée (de préférence Guinness)

Verser lentement les deux ingrédients en même temps dans un verre à mélange glacé sans remuer.

BLOODY BREW

3 cl de vodka

9 cl de bière

12 cl de jus de tomate

sel à volonté

brin d'aneth mariné au vinaigre

Mélanger tous les ingrédients, sauf l'aneth, avec des glaçons dans un verre à mélange. Garnir avec l'aneth.

BOILERMAKER

25 cl de bière

3,5 cl de whisky

Verser le whisky dans un petit verre doseur et glisser celui-ci dans la chope pleine de bière.

Brown Velvet

20 cl de porto
20 cl de stout

Verser lentement les deux ingrédients en même temps dans un verre à mélange glacé.

Charge de cavalerie

6 cl de schnaps (parfum au choix)
33 cl de bière

Verser le schnaps, puis la bière, dans une chope givrée.

Ginger Ale

6 cl de liqueur de gingembre
bière brune

Remplir une chope givrée de bière brune et ajouter la liqueur sans remuer.

Punch estival

Pour les grandes réunions

750 ml de vodka
12 bouteilles de bière
2 flacons de concentré de citronnade

Mélanger tous les ingrédients et remuer vigoureusement.

Lager citron

2 cuillerées à café de jus de citron vert
1 rondelle de citron vert
25 cl de lager fraîche

Verser le jus de citron dans une chope glacée. Ajouter la bière et garnir avec une rondelle de citron vert.

Panaché au gingembre

20 cl de bière
20 cl de limonade au gingembre (faire macérer un petit morceau de gingembre dans une bouteille de limonade nature)

Verser les deux ingrédients en même temps dans un grand gobelet glacé.

STOUT SHAKE

1 chope de stout
1 boule de glace à la vanille
Poser délicatement la boule de crème glacée sur la bière et déguster sans attendre.

SOUS-MARIN

3,5 cl de tequila blanche
25 cl de bière
Verser la bière dans une chope glacée. Verser la tequila dans un petit verre doseur et glisser le verre dans la bière.

PUNCH WASSAIL

pour 10 personnes

6 bouteilles d'ale de 33 cl
25 cl de Cream Sherry
100 g de sucre en morceaux
1/2 cuillerée à soupe de poivre de la Jamaïque en poudre
1 cuillerée à café de cannelle moulue
2 cuillerées à café de noix muscade râpée
1/2 cuillerée à café de gingembre moulu
rondelles de citron
Dans une grande casserole, faire chauffer le Sherry avec 33 cl de bière sans laisser bouillir. Ajouter le sucre et les épices en remuant pour dissoudre le tout. Ajouter le reste de l'ale et remuer. Laisser macérer à température ambiante pendant environ 3 heures. Verser dans une coupe à cocktail et garnir avec des rondelles de citron

YORSH

3,5 cl de vodka
25 cl de bière
Remplir une chope de bière et verser le trait de vodka sans remuer.

TABLEAU DES DIFFÉRENTS TYPES DE BIÈRES

Il n'est pas toujours facile de différencier avec précision les types de bière et il n'existe aucune classification internationale à ce sujet. Dans la plupart des cas, les brasseurs respectent les normes en vigueur dans leur pays, mais, quand on sait qu'on fabrique de la bière presque partout dans le monde, il est parfois très difficile de s'orienter dans la jungle des appellations. Et même si l'étiquette mentionne qu'il s'agit d'une porter, chez un autre brasseur, le même type de bière peut être baptisé "stout". Pour identifier une bière, on s'appuie généralement sur trois critères : le titre alcoolique exprimé en degré d'alcool par rapport au volume (APV) ; le degré d'amertume du houblon exprimé en unités internationales d'amertume (International Bitterness Unit, IBU) et la couleur de la robe en unités SRM (pour Standard Reference Method). Certaines bières portent d'autres mentions, notamment en ce qui concerne la teneur en alcool que l'on mesure également dans certains pays par rapport au poids, avant ou après la fermentation, ou encore d'après la densité de la bière (chiffre exprimé en degrés Plato ou Balling).

Aux États-Unis, l'Association des Brasseurs (Association of Brewers, AOB) de Boulder, dans le Colorado, a mis au point une cotation en partant des renseignements communiqués par les brasseries, les négociants et les spécialistes du domaine, les amateurs, mais aussi des analyses poussées des différentes bières. Le tableau suivant concerne les bières que l'on trouve actuellement sur le marché ou celles qui ont eu une certaine importance au cours de l'histoire, mais omet volontairement les bières traditionnelles qui ne sont plus fabriquées aujourd'hui, de même que les bières fantaisies qui n'ont eu qu'une courte durée de vie. L'AOB ne s'est pas intéressé aux ales rouges belges, à la saison et à la Steam Beer et les indications concernant ces bières suivies d'un astérisque (*) proviennent d'autres sources.

Style	ABV	IBU	SRM
Alt ou Altbier	4,3–5%	25–48	11–19
Barley Wine	8,4–12%	50–100	14–22
Ale forte belge	7–11%	20–50	3,5–20
Bière de Garde	4,5–8%	25–30	8–12
Bitter, ordinaire	3–3,7%	20–35	8–12
Bitter, best ou special	4,1–4,8%	28–46	8–14
Bitter, Extra Special ou Strong	4,8–5,8%	30–55	8–14
Schwarzbier	3,8–5%	22–30	25–30
Bock	6–7,5%	20–30	20–30
Bock, Helles ou Mai	6–8%	20–38	4–10
Bock, Doppel	6,5–8%	17–27	12–30
Bock, Eis	8,6–14,4%	26–33	18–50
Brown Ale anglaise	4–5,5%	15–25	15–22
Brown Ale américaine	4–6,4%	25–45	15–22
Brown Ale flamande/Oud Bruin	4,8–5,2%	15–25	12–18
Cream Ale	4,2–5,6%	10–22	2–5
Dortmunder ou Dortmunder Export	5–6%	23–29	3–5
Münchner Dunkel	4,5–5%	16–25	17–20
Münchner Helles	4,,5–5,5%	18–25	4–5,5
India Pale Ale (IPA)	5–7,5%	40–60	6–14
Irish ou Irish Red Ale	4–4,5%	22–28	11–18
Kölsch	4,8–5,2%	20–32	3–5
Lambic	5–6%	11–23	6–13
Lambic, Gueuze	5–6%	11–23	6–13
Lambic aux fruits	5–7%	15–23	non dispo.
Märzen	5,3–5,9%	18–25	4–15
Mild blonde	3,2–4%	10–24	8–17
Mild brune	3,2–4%	10–24	17–34
Old Ale ou Strong Ale anglaise	5,3–11%	24–80	8–21
Pale Ale anglaise	4,5–5,5%	20–40	5–14
Pale Ale américaine	4,5–5,5%	20–40	4–11
Pale Ale belge	4–6%	20–30	3,5–12
Pilsner tchèque	4–5%	35–45	3–7
Pilsner allemande	4–5%	30–40	3–4
Pilsner américaine	5–6%	17–30	3–4
Porter forte	5–6,5%	25–40	30+
Porter brune	4,5–6%	20–30	20–35
Rauchbier	4,6–5%	20–30	10–20

Ale rouge belge *	6,2–6,5%	15–20	11–18
Seigle	3,8–5%	10–25	2–12
Saison ou Sezuen *	5–6%	20–30	3,5–10
Scottish Ale Light ou 60/-	3–5%	9–20	8–17
Scottish Ale Heavy ou 70/-	3,5–4%	12–20	10–19
Scottish Ale Export ou 80/-	4–4,5%	15–25	10–19
Scottish Strong Ale, ou Scotch Ale	6,2–8%	25–35	10–25
Steam Beer ou California Common	3,6–5%	35–45	8–17
Stout, Dry or Irish	3,8–5%	30–40	40+
Stout, Imperial	7–10%	5–80	20+
Stout, Sweet	3–6%	15–25	40+
Stout, Oatmeal	3,8–6%	20–40	20+
Stout étrangères	5,7–7,5%	30–60	40+
Trappiste ou Abbaye, Dubbel	6–7,5%	18–25	14–18
Trappiste ou Abbaye, Tripel	7–10%	20–25	3,5–5,5
Vienne	4,8–5,4%	22–28	8–12
Froment, Berliner Weisse	2,8–3,4%	3–6	2–4
Froment, Hefeweizen	4,9–5,5%	10–15	3–9
Froment, Kristallweizen	4,9–5,5%	10–15	3–9
Froment, Dunkelweizen	4,8–5,4%	10–15	16–23
Froment, Weizenbock	6,9–9,3%	10–15	5–30
Froment américaines	3,8–5%	10–25	2–8
Witbier ou Bière Blanche	4,8–5,2%	15–25	2–4

Outre les types classiques indiqués ci-dessus et décrits dans ce chapitre, on trouve aux États-Unis plusieurs variantes qui ont été également analysées et classées par l'Association of Brewers. Bien qu'il ne s'agisse pas de bières traditionnelles, elles sont vendues dans le monde entier et figurent régulièrement dans les concours de bières.

American Lager	3,8–4,5%	5–17	2–4
American Amber Lager	4,5–5,4%	20–30	6–14
American Dark Lager	4–5,5%	14–20	14–25
American Dry Lager	4,3–5,5%	15–23	2–4
American Light Lager	3,5–4,4%	8–15	2–4
American Malt Liquor	6,25–7,5%	12–23	2–5
American Premium Lager	4,3–5%	13–23	2–6

©Association of Brewers

LES
BIÈRES
DU MONDE

Presque tous les pays du monde fabriquent de la bière. On retrouve effectivement les mêmes ingrédients et les mêmes méthodes de brassage de Portland à Rio de Janeiro, de Londres à Budapest et de Nairobi à Pékin, mais les bières obtenues présentent des caractéristiques bien différentes. L'absence de moyens de transport et de communication explique que la plupart des techniques de brassage soient nées de façon isolée et se soient développées en fonction des conditions propres à chaque pays, chaque région ou même chaque quartier. C'est notamment le colonialisme et la Révolution Industrielle qui ont permis aux différents styles et aux différentes méthodes de franchir les frontières. Dans certains cas, les méthodes étrangères ont même supplanté les méthodes nationales. Mais en règle générale, les différentes influences se sont mélangées et cette alchimie a contribué à enrichir encore la technique de brassage en général. On trouve par exemple des variations de l'Irish Stout dans des régions tropicales telles que les Caraïbes ou l'Asie du sud-est. Le type de bière le plus répandu au monde est la lager blonde de type pils. Mais grâce à la créativité des brasseurs et des consommateurs, de nouvelles bières côtoient des plus anciennes en pleine résurrection.

Ce chapitre est consacré aux différentes bières qui sont aujourd'hui brassées dans les diverses régions du

monde et à leurs caractéristiques. Il présente les traditions locales de brassage telles qu'elles sont aujourd'hui mises en œuvre dans ce secteur industriel. Une description exhaustive de toutes les brasseries et de tous les types de bière dépasserait le cadre de ce livre, aussi avons-nous sélectionné les établissements les plus importants et les

bières les plus innovatrices et les plus intéressantes, en un mot, les meilleures. Les produits d'une même brasserie évoluent avec le temps et le lieu – il existe parfois ainsi une différence entre les bières produites pour la consommation locale et celles destinées à l'exportation –, c'est pourquoi nous mettons ici l'accent sur l'esprit dans lequel chaque brasserie travaille. Les bières que nous présentons sont essentiellement celles qui sont assez largement distribuées ; les bières artisanales – souvent de bonne facture – proposées uniquement dans l'établissement qui les produit ne sont citées qu'à titre d'exception. Naturellement, une bière à la pression est en principe meilleure qu'une bière conditionnée en bouteille ou en canette. Nous espérons que ce livre vous donnera l'envie de découvrir les meilleures brasseries de votre région et d'ailleurs. Une production limitée n'est pas toujours la garantie d'une qualité extraordinaire, mais goûter les différents produits proposés par les brasseries peut se transformer en une aventure à la fois délicieuse et excitante.

ÉCHELLE D'APPRÉCIATION – Le pape américain de la bière, Michael Jackson, a établi une hiérarchie entre les bières en leur attribuant d'une à trois chopes de bières :

une chope	🍺
deux chopes	🍺🍺
trois chopes	🍺🍺🍺

Lorsqu'un nom n'est suivi d'aucune chope, cela signifie simplement que la bière n'a pas été évaluée mais n'indique strictement rien sur sa qualité. Cette échelle d'appréciation reprend les résultats de tests de goût réalisés préalablement, disponibles dans diverses publications.

ANGLETERRE – ÉCOSSE
PAYS DE GALLES

Les îles britanniques ont dominé longtemps la production d'ales traditionnelles. Les classiques à fermentation haute que sont les porter, stout, bitter, mild, pale ale, brown ale et old ale y ont été inventées ou perfectionnées avant d'être copiées dans le monde entier. La mild ale a été la bière vedette de la première moitié du 20e siècle et s'est fait supplanter par les bitters au cours de ces dernières décennies. Mais les ales en général restent les préférées des Britanniques qui en consomment plus que tout autre pays du globe.

En dépit de cette fidélité aux ales, la Grande-Bretagne a connu une crise de la bière dans les années 60 et 70. Les grandes brasseries ont commencé à racheter des petites entreprises régionales et à en fermer certaines. Afin de faire baisser les coûts de production, elles ont abandonné les fûts de bois traditionnels au profit de fûts en aluminium et ont donc fini par produire des bières filtrées, pasteurisées et sans goût. Un petit groupe de consommateurs s'est constitué dans les années 70 sous le nom de « Campaign fir real Ale (CAMRA) » (Campagne de lutte pour une ale de qualité) afin de défendre la tradition du vieillissement en fûts de bois et en bouteille des – «vraies» – ales et de protéger les petites brasseries des grands groupes surpuissants. Depuis la création de la CAMRA, le nombre de brasseries britanniques a plus que doublé et même les grandes structures sont revenues à une technique de fermentation en fût de bois ou en bouteille. Des types de bières tels que la porter, qui avait quasiment disparu des pubs, ont fait leur réapparition. Cette campagne anglaise est à l'origine d'une véritable renaissance mondiale de la bière.

La CAMRA a sauvé de nombreuses petites brasseries du rachat ou de la fermeture mais n'a pas empêché la formation de grands conglomérats en Grande-Bretagne. Le groupe Bass – déjà composé des brasseries Worthington, Mitchells and Butlers, Tennents et Hancock – a fusionné en 1997 avec Carlsberg-Tetley et est ainsi devenu le premier producteur du pays. Le pays compte un deuxième géant, Scottish Courage, né de l'union de McEwan, Younger, Newcastle et Theakston notamment. Certaines autres brasseries telles que la Whitbread Beer Company, installée en dehors de Londres, brasse d'autres bières en plus des leurs, en l'occurrence pour le compte de Boddington, Castle Eden, Flowers et Mackeson.

La tradition de qualité qui prévaut parmi les ales britanniques provient en partie de la qualité des matières premières employées. Même si le pays a longtemps refusé d'utiliser du houblon pour fabriquer de la bière, les variétés les plus nobles de cette plante y poussent aujourd'hui. Les variétés Goldings et Fuggles cultivées dans le Kent sont par exemple très prisées et les fermes de Suffolk et d'East Anglia produisent de l'orge de première qualité pour le maltage. De nombreuses localités disposent par ailleurs de conditions exceptionnelles pour faire les meilleures bières grâce à leur extraordinaires ressources en eau. C'est par exemple le cas de Burton-on-Trent et de certains quartiers de Londres.

LONDRES, SES ENVIRONS ET LE SUD-EST DE L'ANGLETERRE

Le bassin londonien était autrefois le berceau de nombreuses brasseries de premier ordre. Entre-temps, beaucoup ont déménagé (à l'exception, louable, de Fuller et Young) mais de nouvelles brasseries artisanales ou de

petites taille ont pris le relais. Le centre de production du houblon est d'ailleurs situé non loin de Londres, dans le comté de Kent, où poussent les célèbres variétés Goldings et Fuggles. L'influence du houblon dans la fermentation des ales de la région est tout à fait nette.

YOUNG & COMPANY'S BREWERY
LONDRES   FONDEÉ EN 1675

Cette brasserie traditionnelle du sud de Londres est la propriété de la famille Young depuis qu'elle a acheté la Ram Brewery en 1831. Elle est restée fidèle à la «vraie ale» vieillie en fûts de bois alors que la majorité des brasseries ont adopté les fûts en aluminium dans les années 70. Les **Young Ales** sont fabriquées à partir de houblon et de malt essentiellement anglais et avec un équipement mêlant la tradition et la modernité. L'**Ordinary Bitter** et la **Special Bitter** sont deux des bières sèches de la gamme Young ; la deuxième dégage des arômes de malt et de houblon plus prononcés. La **Ram Tod** est une extra special bitter équilibrée au goût généreux tandis que la **Special London Ale** (connue sous le nom de Strong Export Ale en Grande-Bretagne) est un exemple réussi de pale ale indienne. Young brasse également une bière à l'orge, la **Old Nick** , ainsi que la **Oatmeal Stout**, au goût fumé. La gamme de bières de saison récemment lancée par Young comprend la généreuse **Winter Warmer**, la **Wheat Beer** de style belge et la bière de printemps **Best Mild Ale**.

W. H. BRAKSPEAR & SONS
HENLEY-ON-THAMES, OXFORDSHIRE   FONDÉE EN 1799

Cette brasserie traditionnelle à deux étages produit la **Bitter** ambré et houblonnée, la **Special** au goût malté, la **Mild** et la **OBJ**, une ale d'hiver corsée. Elle utilise du malt d'orge et du houblon anglais traditionnels.

FULLER, SMITH & TURNER
LONDRES   FONDÉE EN 1845

Fuller a remporté de nombreux prix au cours de différentes éditions du Great British Beer Festival organisée par la CAMRA. Ses trois produits principaux sont la **Chiswick Bitter** , une bitter «normale» peu alcoolisée mais très houblonnée, la **London Pride** , une special bitter généreuse et fruitée et l'**ESB** , un exemple du genre de grande qualité. La old ale **Fuller's 1845** vieillie en bouteille a été brassée à l'occasion du 150e anniversaire de l'établissement. Parmi les bières de saison produites en quantité limitée, citons **Honey Dew Spring Ale, Summer Ale** , **Old Winter Ale, Golden Pride Strong Ale** et **London Porter**.

HARVEY & SON
LEWES, EAST SUSSEX   FONDÉE EN 1790

Cette brasserie familiale emploie des installations et des méthodes traditionnelles. La bière d'orge **Elizabethan** a été produite pour la première fois en 1953 à l'occasion du couronnement de la Reine Elisabeth. La maison propose également la **Armada Ale**, la **Sussex Best Bitter**, la **Sussex Mild** et la **Sussex Pale Ale** ainsi que les bières de saison **Porter** ,

Knots of May Light Mild, Sussex XXXX Old Ale🍺 , Christmas Ale🍺 🍺
et **Tome Paine**🍺 🍺 , une bière d'été claire et houblonnée mais puissante.

MAULDONS BREWERY
SUDBURY, SUSSEX   FONDÉE EN 1982

Cette petite brasserie a été créée par une famille ancrée dans la tradition
de brassage depuis le 18ᵉ siècle. Maildons produit une large gamme de bières
dont la **Black Adder Dry Stout** et la **Mauldon Special Bitter**.

MORRELLS BREWERY
OXFORD   FONDÉE EN 1782

Cette brasserie que dirige toujours la famille Morrels est la plus ancienne
d'Oxford et ses bières portent des noms évocateurs : **College**, **Varsity**🍺 et
Graduate🍺 🍺 . Elle brasse également une **Mild** et une **Bitter**🍺 .

SHEPHERD NEAME
FAVERSHAM, KENT   FONDÉE EN 1698

Le siège de la plus ancienne brasserie d'Angleterre est situé au cœur
de la région de production du houblon qu'est le Kent. Ses machines à vapeur
et ses brassins en teck datent du début du 20ᵉ siècle. La puissante **Bishops
Finger**🍺 possède des arômes maltés et fruités à la fois tandis que la **Spit-
fire**🍺 🍺 est une mild houblonnée conditionnée en bouteille. L'**Original
Porter**🍺 🍺 est fabriquée à partir de véritables racines de réglisse. Sheperd
Neame brasse également la **Master Brew Bitter**🍺 et la **Best Bitter**

AUTRES BRASSERIES DE LONDRES ET DES ENVIRONS

HOGS BACK BREWERY, Tongham, Surrey : Hop Garden Gold, A Pint-a
   Bitter, Traditional English Ale, A Over T (Aromas Over Tongham),
   Brewster's Bundle🍺

HOOK NORTON BREWERY, Banbury, Oxfordshire : Best Bitter🍺 , Best
   Mild🍺 , Old Hooky Strong Ale🍺 🍺

KING & BARNES, Horsham, West Sussex : Broadwood, Festive Ale🍺 🍺 ,
   Harvest Ale🍺 🍺 , Rye Beer

MCMULLEN & SONS, Hertford, Hertfordshire : AK Mild🍺 🍺 , Country Best
   Bitter, Gladstone, Stronghart

MORLAND, Abingdon, Oxfordshire : Old Speckled Hen🍺 , Old Masters,
   Original Bitter

PILGRIM ALES, Reigate, Surrey : Saracen, Saracen Stout, Progress, Surrey
   Bitter, Springbock

SUD-OUEST DE L'ANGLETERRE

Seule une poignée de brasseries de dimension nationale est installée dans cette région. Elle se caractérise
surtout par une culture de micro-brasseries extrêmement
vivante. Le pionnier en la matière, Peter Austin, qui
jouait déjà un rôle de conseil pour la création de petites
brasseries en Amérique du Nord et en Asie, a fondé
Ringwood Brewery dans le comté de Hampshire dans les
années 70. Les brasseries qui ont vu le jour par la suite
essayent depuis de faire vivre la tradition des vrais ales
avec leurs arômes riches.

ELDRIDGE POPE & COMPANY
DORCHESTER, DORSET   FONDÉE EN 1837

La plus connue de ses bières a été baptisée en l'honneur du célèbre romancier de Dorchester, Thomas Hardy : la **Thomas Hardy's Ale** est une old ale anglaise classique qui compte parmi les plus fortes bières au monde (12% vol.). Cette ale continue de vieillir en bouteille pendant 25 ans maximum. Chaque bouteille est d'ailleurs datée et numérotée. La brasserie fabrique également la **Royal Oak Pale Ale** , une rousse ambrée, la **Thomas Hardy Country Bitter** , plus sèche, la **Blackwood Porter** et la **Dorchester Bitter** .

GEORGE GALE & COMPANY
HORNDEAN, HAMPSHIRE   FONDÉE EN 1847

Cette brasserie familiale est installée dans une tour de style victorien du 19ᵉ siècle. Toutes ses bières sont fruitées, particulièrement la généreuse **Prize Old Ale** . Elle vieillit une année complète dans des cuves puis est conditionnée manuellement en bouteilles fermées par un bouchon, dans lesquelles elle se conserve de nombreuses années. **HSB** (Horndean Special Bitter) est plus houblonnée que la majorité des bières produites par Gale mais tout aussi aromatisée. La gamme comprend aussi la **Butser Bitter**, la **Festival Best Mild** et **GB Best Bitter** et des bières de saison telles que la **Anniversary Ale**, la **Hampshire Glory**, la **Christmas Ale** et la **Trafalgar Ale**.

GIBBS MEW
SALISBURY, WILTSHIRE   FONDÉE EN 1858

Cette brasserie de Grande-Bretagne a été l'une des premières à vendre de la bière en tonnelet. Elle est notamment connue pour sa **The Bishops Tipple** , une old ale forte et généreuse. Elle brasse aussi la **Wiltshire Traditional Bitter**, la **Salisbury Bitter** et la **Deacon**.

HOP BACK BREWERY
SALISBURY, WILTSHIRE   FONDÉE EN 1987

Elle est née sous la forme d'une pub brassant sa propre bière et n'a pas tardé à devenir une brasserie indépendante. Aujourd'hui sa gamme comprend la **Summer Lightening** , une pale bitter, la **GFB Bitter**, la **Entire Stout** et la **Thunderstorm Wheat Ale** .

WADWORTH & COMPANY
DEVIZES, WILTSHIRE   FONDÉE EN 1885

Dans l'édifice traditionnel en forme de tour dans laquelle elle s'est installée, cette brasserie produit son emblématique bitter **6X** mais aussi la **Henry's Original IPA**, la bitter **Farmer's Glory** et les bières de saison **Malt and Hops**, **Summersault** et **Old Timer**.

AUTRES BRASSERIES DU SUD-OUEST DE L'ANGLETERRE

BUTCOMBE BREWERY, Avon : Butcombe Bitter

COTLEIGH BREWERY , Wiveliscombe, Somerset : Harrier SPA, Tawny Bitter, Barn Owl Bitter, Old Buzzard

COTTAGE BREWING COMPANY, West Lyford, Somerset

DONNINGTON BREWERY, Stow-on-the-World, Gloucestershire : XXX, SBA

EXMOOR ALES , Wiveliscombe, Somerset : Exmoor Gold, Stag

RINGWOOD BREWERY, Ringwood, Hampshire : Fortyniner , Ringwood's Best Bitter , Old Thumper

SMILES BREWING COMPANY , Bristol, Avon

USHERS , Trowbridge, Wiltshire : Founder's Ale, Autumn Frenzy, 1824 Particular

73

La région des Midlands a accédé à la notoriété au 19e siècle lorsque Burton-on-Trent est devenu l'un des principaux centres de brassage de la bière dans le pays. Ses eaux de source dont la qualité était réputée a attiré de nombreuses brasseries de renom (notamment Bass, mais aussi Ind Coope's Double Diamond et Worthington White Shield). C'est également là que la pale ale a vu le jour. La méthode de fermentation Burton Union a effectivement permis d'obtenir une bière plus claire, plus sèche et plus amère puisqu'elle préconise la circulation de la bière en fermentation depuis le tonneau à travers une série d'auge ouverte et de forme allongée. Aujourd'hui, bien peu de brasseries utilisent encore cette méthode car elle est très coûteuse et demande une main-d'œuvre importante.

La région industrielle de Birmingham dans la partie ouest des Midlands affiche sa préférence pour les bières d'ouvriers traditionnelles, c'est-à-dire les mild ales plus foncées et plus sucrées. Les mild classiques sont également toujours produites dans la région, notamment par Highgate et Bank's.

BASS BREWERS
BURTON-ON-TRENT, STAFFORDSHIRE   FONDÉE EN 1777

La brasserie Bass implantée dans le célèbre centre de production de bière qu'est la ville de Burton est l'une des plus renommées du pays. Son produit phare, la **Draught Bass** est toujours l'ale vieillie en fûts la plus vendue en Angleterre, même si certains pensent qu'elle a perdu en qualité depuis l'abandon de la méthode de fermentation Burton Union. La version réservée à l'exportation porte le nom de **Bass Ale**. La **Worthington White Shield** est une pale ale conditionnée en bouteille.

HIGHGATE BREWERY
WALSALL, WEST MIDLANDS   FONDÉE EN 1895

Highgate est l'une des dernières brasseries spécialisées dans les mild ales qui ait subsisté. La **Highgate Dark Mild** est de couleur brune et possède un arôme malté tandis que la **Highgate Old Ale** est une ale d'hiver au goût généreux. En 1995, l'équipe de dirigeants actuelle l'a rachetée à Bass.

IND COOPE BURTON BREWERY
BURTON-ON-TRENT, STAFFORDSHIRE   FONDÉE EN 1845

Ind Coope a fusionné en 1934 avec la brasserie Allsopp également implantée à Burton et fait aujourd'hui partie du groupe Carlsberg-Tetley. La gamme de produits comprend toujours la pale ale **Double Diamond**, vendue aussi bien en bouteille qu'en fût, la **Ansells Mild** et la **Ind Coope's Burton Ale**, entre autres.

MARSTON, THOMPSON & EVERSHED
BURTON-ON-TRENT, STAFFORDSHIRE   FONDÉE EN 1834

Il s'agit de la dernière brasserie qui utilise la méthode de fermentation Burton Union. Ses bières au goût prononcé de houblon sont fabriquées à partir de malt et de houblon anglais. La **Pedigree** est un exemple classique de pale ale fabriquée selon la méthode Burton. Marston produit également la **Bitter** 🍺 ambrée et très houblonnée, la **Owd Roger** 🍺 🍺 , une old ale généreuse et fruitée, ainsi que la **Oyster Stout** 🍺 , plus crémeuse. Cet établissement commercialise également des spécialités en quantités limitées sous le label Head Brewer's Choice.

WOLVERHAMPTON & DUDLEY BREWERIES
WOLVERHAMPTON, WEST MIDLANDS   FONDÉE EN 1890

Cette brasserie 🍺 🍺 🍺 est connue pour sa gamme de Bank's, dans laquelle on distingue la **Bank's Ale** 🍺 🍺 , une mild ale rousse ambrée, et la **Bank's Bitter**.

AUTRES BRASSERIES DES MIDLANDS

BATHAM, Delph Brewery, Brierley Hill, West Midlands : Batham
  Mild 🍺 , Batham's Best Bitter 🍺

BURTON BRIDGE BREWERY, Burton-on-Trent, Staffordshire : Bridge Bitter,
  Summer Ale 🍺 , Top Dog Stout, Burton Porter 🍺 🍺

HANBY ALES 🍺 , Wem, Shropshire : Drawwell Bitter, Nutcracker Bitter,
  Black Magic Mild, Shropshire Stout

HARDYS & HANSONS 🍺 , Nottingham, Nottinghamshire : Kimberley Mild,
  Kimberley Bitter, Kimberley Classic

HOLDEN'S BREWERY COMPANY, Dudley, West Midlands : Black Country
  Mild 🍺 🍺 ,Black Country Bitter 🍺

EST DE L'ANGLETERRE

Dans les années 70, de nombreuses micro-brasseries sont venues compléter les quelques brasseries indépendantes qui existaient déjà dans cette région. Bien que cette dernière soit le centre de production d'orge et de malt de l'Angleterre, les bières locales ont un caractère plus fruité que malté.

ADNAMS & COMPANY
SOUTHWOLD, SUFFOLK   FONDÉE EN 1890

Adnams 🍺 🍺 🍺 brasse des bières sur le même site depuis plus de cent ans et est toujours aux mains de la famille. En plus de la **Mild** et de la **Bitter**, cette brasserie traditionnelle produit également la **Broadside Ale** et la **Suffolk Extra** (connue également sous le nom de Suffolk Strong). Sa gamme s'étend aussi à des bières de saison telles que la **May Day**, la **Barley Mow**, la **Old Ale** et la **Tally Ho** (bière à base d'orge).

GEORGE BATEMAN & SONS
WAINFLEET, LINCOLNSHIRE   FONDÉE EN 1874

Cette brasserie à laquelle la CAMRA a donné un second souffle dans les années 70 brasse l'onctueuse **Dark Mild** 🍺 🍺 , la **Victory Ale**, une pale ale riche en arôme, la **Salem Porter** 🍺 🍺 , la bitter fruitée **Valiant**, la **XB Best Bitter** et la bitter complexe **XXXB** 🍺 🍺 . La gamme de produits « Zodiac Mystic » se compose de douze ales produites en quantité limitée, chacune correspondant à un des douze signes du zodiaque. La maison commercialise également des bières de saison.

GREENE KING
BURY ST. EDMUNDS, SUFFOLK   FONDÉE EN 1799

Greene King est une brasserie régionale indépendante qui possède une

longue histoire. La **Abbot Ale** est une bitter forte très appréciée et la
Strong Suffolk un mélange d'une old ale parvenue à bonne
maturité et d'une ale plus foncée. Parmi les bières de saison, citons surtout
la **Winter Ale** .

Tollemache & Cobbold Brewery
Ipswich, Suffolk   Fondée en 1723

Les origines de Cobbold Brewery, qui a fusionné en 1957 avec
Tollemache Brewery, remontent jusqu'à 1723. Cette brasserie connue
généralement sous le nom de Tolly Cobbold produit la **Cobbold's IPA** ,
plutôt houblonnée, la **Tolly's Strong Ale** et une série de bitters et de milds.

Charles Wells
Bedford   Fondée en 1876

Cette entreprise qui est restée familiale brasse toujours ses bières selon
des recettes qui datent de sa fondation en 19e siècle. Ses ales les plus
connues sont la **Bombadier Premium Bitter** , caractérisée par son goût
malté, et la **Fargo Strong Ale.**

Autres brasseries de l'est de l'Angleterre

Crouch Vale Brewery , Chelmsford, Essex : Millennium Gold, Strong
   Anglian Special (SAS), Essex Porter, Willie Warmer

Elgood & Sons , Wisbech, Cambridgeshire : Black Dog Mild,
   Cambridge Bitter, North Brink Porter, Barleymead

Nethergate Brewery Company, Clare, Suffolk : Old Growler , Umbel
   Ale , Umbel Magna, Nethergate Bitter

T.D. Ridleys & Sons, Chelmsford, Essex : ESX Best Bitter ,
   Old Bob , Bishops Ale , Mild , IPA

Woodforde's , Norwich, Norfolk : Mardler's Mild, Norfolk Nog

Nord-est de l'Angleterre et Yorkshire

Le Yorkshire est l'un des plus grands comtés
d'Angleterre et joue un des premiers rôles dans la production de bière nationale. On y trouve quelques géants
tels que Samuel Smith, Newcastle et Tetley qui côtoient
une dizaine de petites brasseries. Les bières de la région
se distinguent par leur aspect crémeux et leur goût de
noisette, comme en témoignent des classiques tels que
Newcastle Brown, Theakston's Old Peculier et plusieurs
bières produites par Samuel Smith. Une méthode de fermentation tout à fait unique a également été découverte
dans le Yorkshire et ses environs. La bière en fermentation circule entre de grandes cuves ouvertes en ardoise,
appelées Yorkshire Squares, situées à deux niveaux différents, ce qui confère un caractère très particulier à la
levure. Aujourd'hui, bien peu de brasseries utilisent
encore cette méthode. La bitter ale du nord de
l'Angleterre est généralement plus forte et plus maltée
que dans le sud où la bière y est plus carbonatée et plus
houblonnée.

76

SAMUEL SMITH OLD BREWERY
TADCASTER, NORTH YORKSHIRE FONDÉE EN 1758

Cette brasserie est aux mains de la famille Smith depuis les années 1840. Son respect de la tradition se manifeste par l'utilisation de la méthode Yorkshire Squares et de fûts en bois. Elle brasse toute une gamme de ales considérées comme des classiques du genre. La **Samuel Smith's Old Brewery Pale Ale**   est une bière de couleur acajou orangé légèrement houblonnée que l'on retient pour son goût malté. La **Samuel Smith's Nut Brown Ale**   présente en revanche une couleur et une saveur de noisette ; elle est généreuse et légèrement sucrée. La **Taddy Porter** est un des meilleurs exemples d'ale dans le style porter. La maison produit également deux stouts extraordinaires : l'onctueuse **Oatmeal Stout**    aux parfums mêlés de chocolat, de café et de pain grillé et la généreuse **Imperial Stout**   , plus foncée. La **Samuel Smith's Winter Welcome** a un degré d'alcool relativement bas (6% vol.) pour une bière faite à base d'orge, mais elle dégage de puissants arômes fruités avant de laisser un goût sec dans la bouche. La brasserie propose également une lager : la **Pure Brewed Lager Beer**.

BLACK SHEEP BREWERY
MASHAM, NORTH YORKSHIRE FONDÉE EN 1992

Après la perte de contrôle de T & R Theakston Brewery par la famille, Paul Theakston a fait construire sa propre brasserie dans la même petite ville. Il utilise la méthode traditionnelle Yorkshire Squares et brasse la **Black Sheep Best Bitter**, la **Special Strong Bitter**   et la **Ale Riggwelter**, une bière foncée au goût fumé.

CASTLE EDEN BREWERY
HARTLEPOOL, CLEVELAND FONDÉE EN 1826

Connue initialement sous le nom de Nimmo's Brewery, cette brasserie qui appartient aujourd'hui à Whitbread fait preuve de créativité avec sa gamme de spécialités qui comprend des bières aromatisées au gingembre ou au réglisse. Parmi ses produits habituels, citons notamment la **Castle Eden Ale**, la **Fuggles Imperial IPA**   et la **Whitbread Porter**  .

JOHN SMITH'S BREWERY
TADCASTER, NORTH YORKSHIRE FONDÉE EN 1883

John Smith a établi sa brasserie juste à côté de celle de la famille, la Old Brewery. La **Imperial Russian Stout**   , une bière généreuse et forte conditionnée en bouteille est brassée à partir de plusieurs malts et se conservent très bien. La gamme de produits comprend aussi la **Magnet Mild** et la **Webster's Yorkshire Bitter**. Cette brasserie appartient aujourd'hui au groupe Scottish Courage.

TETLEY & SON
LEEDS, WEST YORKSHIRE   FONDÉE EN 1822
Cette brasserie fait partie du conglomérat Carlsberg-Tetley et utilise la méthode de fermentation Yorkshire Squares pour produire ses bières. Outre les diverses bières de saison, on distingue la **Tetley Mild** et la **Tetley Bitter**, brassées à Leeds.

T & R THEAKSTON
MASHAM, NORTH YORKSHIRE   FONDÉE EN 1827
La brasserie n'a pas changé d'emplacement depuis 1875 mais la famille Theakston en a perdu le contrôle dans les années 70. Elle appartient aujourd'hui au groupe Scottish Courage. Sa fameuse **Old Peculier** (le nom provient de la paroisse Peculier of Masham) est une old ale anglaise classique qui dégage de puissants arômes de fruits et de malt grillé. Citons également la **Theakston Best Bitter**, la **Mild** et la **XB**.

AUTRES BRASSERIES DU YORKSHIRE

BIG LAMP BREWERS, Newcastle-on-Tyne, Tyne and Wear : Big Lamp Bitter, Prince Bishop Ale

CAMERONS BREWERY COMPANY, Hartlepool, Cleveland : Camerons Bitter, Strongarm

MALTON BREWING COMPANY, Malton, North Yorkshire : Pale Ale, Crown Bitter Double Chance Bitter, Pickwick Porter, Owd Bob

TIMOTHY TAYLOR & COMPANY, Keighley, West Yorkshire : Landlord, Best Bitter, Golden Best, Ram Tam, Porter

VAUX BREWERIES, Sunderland, Tyne and Wear : Double Maxim

NORD-OUEST DE L'ANGLETERRE

Les villes industrielles de l'ouest telles que Liverpool ou Manchester sont le berceau de brasseries familiales très anciennes mais accueillent également des petites brasseries modernes. Les bières de la région sont généralement sèches et ce sont les milds claires ou foncées qui remportent la préférence des consommateurs locaux.

BODDINGTONS
MANCHESTER   FONDÉE EN 1778
Boddingtons brasse ses ales sèches classiques depuis la fin du 18ᵉ siècle dans sa Strangeways Brewery. Elle a toutefois été racheté en 1989 par Whitbread. La **Boddingtons Draught** n'est plus aussi amère qu'elle n'a été. La maison produit aussi une Mild et la bitter ale **Manchester Gold**.

JOSEPH HOLT
MANCHESTER   FONDÉE EN 1849
Holt est connu pour ses bières sèches et ses prix peu élevés. Il livre toujours ses produits au pubs dans des « Hogsheads » (gigantesques fûts de

plus de 245 litres). Son offre standard ne comprend que deux bières bien houblonnées : la **Mild** et la **Bitter**. Il brasse également des bières de saison.

Jennings Brothers
Cockermouth, Cumbria   Fondée en 1828

Jennings 🍺 est l'une des plus ancienne de la région. Elle propose des bitters amères et savoureuses telles que la **Jennings Bitter**, la **Cocker Hoop**, la **Cumberland Ale** et la généreuse et maltée **Sneck Lifter**.

J.W. Lees & Company
Manchester   Fondée en 1828

Cette brasserie indépendante est toujours la propriété de la famille Lees et produit des ales sèches et maltées. La bière d'hiver **Harvest Ale** 🍺 🍺 🍺 est une bière de saison particulièrement forte (12% vol.) tout à fait adaptée au vieillissement si elle est stockée. Autres bières : **Moonracker**, **GB Mild** et **Lees Bitter**.

Daniel Thwaites
Blackburn, Lancashire   Fondée en 1807

Cette brasserie régionale ancienne livre toujours ses bières dans les environs avec des voitures à chevaux. Citons la **Thwaites Bitter** 🍺, la **Thwaites Best Mild** 🍺 🍺 plus foncée et la **Golden Ale Carftsman** 🍺 🍺.

Autres brasseries du nord-ouest de l'Angleterre

Burtonwood Brewery, Warrington, Cheshire : Burtonwood Bitter, James Forshaw's Bitter 🍺, Top Hat, Buccaneer

Robert Cain & Company, Liverpool, Merseyside : Dark Mild, Cains Bitter, Traditional Bitter 🍺 🍺, Formidable Ale 🍺

Coach House Brewing Company, Warrington, Cheshire : Blunderbus Porter 🍺, Coachman's Best Bitter, Posthorn Premium Ale 🍺, Gunpowder Strong Mild, Innkeeper's Special Reserve

Hydes' Anvil Brewery, Manchester : Anvil Bitter, Anvil Mild, Anvil Light 🍺, 4X

Mitchell's of Lancaster, Lancaster, Lancashire : Lancaster Bomber 🍺 🍺, William Mitchell's Original Bitter 🍺, Single Malt

Moorhouse's Brewery, Burnley, Lancashire : Black Cat Mild, Pendle Witches' Brew 🍺, Owd Ale

Oak Brewing Company, Heywood, Greater Manchester : Best Bitter 🍺, Old Oak Ale, Wobbly Bob 🍺 🍺

Frederic Robinson, Stockport, Cheshire : Frederic's Golden Ale, Robinson's Best Bitter, Dark Best Mild, Old Tom 🍺 🍺, Hatters Mild 🍺 🍺

Pays de Galles

La tradition de brassage galloise trouve ses origines dans la civilisation celte au bas Moyen Âge lorsque des clous de girofle, du miel et diverses autres épices sucrées étaient encore utilisées pour aromatiser la bière. Les produits actuels ne sont plus aussi originaux qu'à l'époque mais les bières galloises restent plus sucrées et plus maltées que leurs cousines anglaises. Les trois grosses brasseries – Brain's, Crown Buckley et Felinfoel – sont concentrées à la pointe sud du pays alors que les régions du nord accueillent de nombreuses petites brasseries comme Dyffryn Clwyd et Plassey.

S. A. BRAIN & COMPANY
CARDIFF   FONDÉE EN 1882

Cette brasserie familiale a continué de brasser des ales traditionnelles pendant les années de déclin dans les années 60 et 70. Elle utilise du houblon du comté de Kent et une grande diversité de malts et ne produit que trois bières de façon régulière : la **Brains Bitter**, la **Brains Dark** , plus douce, et la **SA Best Bitter** , également appelée « Skull Attack » (attaque crânienne). La maison commercialise également la **Brains Smooth** et la **Brains Dark Smooth**, mais uniquement en fûts.

CROWN BUCKLEY BREWERY
LLANELLI, DYFED   FONDÉE EN 1767

Au début du siècle, Jenkins Brewery est devenu Crown Brewery puis a fusionné avec Buckley en 1989. Elle produit une gamme de milds et de bitters de grande qualité – **Buckley's Best Bitter**, **Buckley's Dark Mild** et **Crown Pale Ale** – mais aussi une bière puissante et épicée, la **Reverand James Original Ale** .

DYFFRYN CLWYD BREWERY
DENBIGH, CLWYD   FONDÉE EN 1993

Cette micro-brasserie moderne produit toute une gamme de ales savoureuses telles que la **Archdruid**, **Cwrw Castell** (Castle Bitter), la **Pedwar Bawd** (Four Thumbs), la **Jolly Jack Tar Porter** et la **Dr Johnson's Draught**.

FELINFOEL BREWING COMPANY
LLANELLI, DYFED   FONDÉE EN 1878

Elle est la première brasserie européenne à avoir conditionné sa bière en canettes (elle avait des liens avec une fabrique de tôles). Elle produit des ales maltées traditionnelles, dont notamment la **Premium Bitter Double Dragon Ale** (exportée sous le nom de Welsh Ale). Elle brasse également la **Dragon Bitter**, la **Dragon Dark** et la **Dragon Best Bitter**.

HANCOCK BREWERY
CARDIFF   FONDÉE EN 1884

Hancock est longtemps restée la plus grande brasserie du Pays de Galles avant d'être rachetée à la fin des années 60 par Bass Brewers, tout comme beaucoup d'autres établissements gallois. **Hancok's HB** est la seule bière de cette brasserie qui soit encore produite régulièrement.

AUTRES BRASSERIES GALLOISES

BULLMASTIFF BREWERY, Cardiff : Bullmastiff Best Bitter, Brindle, Ebony Dark, Gold Brew, Son of a Bitch

CAMBRIAN BREWERY COMPANY, Dolgellau, Gwynedd : Best Bitter, Original, Premium

PEMBROKE BREWERY COMPANY, Pembroke, Dyfed : Main Street Bitter, Off the Rails

PLASSEY BREWERY, Wrexham, Clwyd : Plassey Bitter, Dragon's Breath, Tudno

TOMOS WATKIN & SONS, Llandeilo, Carmarthenshire : Watkin's Bitter,
Watkin's Old Style Bitter

ÉCOSSE

Les bières écossaises sont plus sucrées, plus maltées
et plus foncées que leurs cousines anglaises. De nombreuses brasseries utilisent encore l'ancien système
écossais selon lequel le degré d'alcool des ales est estimé
à partir de ce qu'elles coûtent. Ainsi on établit l'échelle
suivante : 60-shillings (60/-), 70 shillings (70/-), 80
shillings (80/-) et 90 shillings (90/-). Cette dernière est
habituellement désignée par le terme de Scotch ale ou
«wee heavy». Les rachats et les fusions qui ont dominé
le secteur de la bière en Écosse dans les années 60 et 70
ont freiné les innovations. Des conglomérats tels que
Scottish Courage ont leur part de responsabilité dans ce
phénomène, de même que Bass ou encore Carlsberg-
Tetley qui ont fait main basse sur plusieurs brasseries
écossaises. Édimbourg, qui était autrefois un centre de
brassage florissant, commence tout juste à se remettre de
ces acquisitions massives; quelques micro-brasseries
ont de nouveau fait leur apparition ces dernières années.

CALEDONIAN BREWING COMPANY
ÉDIMBOURG   FONDÉE EN 1869

La seule brasserie de la période florissante d'Édimbourg qui a survécu
ayant évité de justesse la fermeture à la fin des années 80. Elle est aujourd'hui
la première brasserie nationale et l'une des plus grande au monde. Caledonian
brasse ses bières dans des cuves en cuivre ouvertes traditionnelles suspen-
dues au-dessus d'un feu, au sein de bâtiments rouge brique de style victorien

du 19ᵉ siècle. Elle honore la mémoire
d'anciennes brasseries d'Édimbourg en
baptisant ses bières de leur nom :
Deuchar's IPA 🍺 🍺, Murray's
Heavy 🍺 🍺, Campbell, Hope & King's
Double Amber Ale 🍺 🍺. La Edin-
burgh Strong Ale 🍺 🍺 (commercialisée aux États-Unis sous le nom de
MacAndrew's Stock Ale 🍺 🍺) est une
ale cuivrée puissante dont la saveur est
un mélange équilibré et complexe d'ai-
greur, d'amertume dégagée par le
houblon et de malt généreux. La
Caledonian Golden Promise a été l'une
des premières bières organiques; la
Caledonian Golden Pale, également
organique, est plus houblonnée et
légèrement moins alcoolisée. L'offre de
cette brasserie comprend aussi la
MermanXXX 🍺 🍺, de couleur bronze
ambrée, et la gamme traditionnelle des
ales écossaises : 60/- 🍺, 70/- et 80/-
Export Ale 🍺 🍺.

BELHAVEN BREWERY COMPANY
DUNBAR
FONDÉE EN 1719

Bâtie sur des terres ayant appartenu à un monastère, cette brasserie est la plus ancienne d'Écosse. Ses bières faisaient, paraît-il, partie des préférées de l'empereur autrichien au début du 19ᵉ siècle. Aujourd'hui, Belhaven brasse la **Sandy Hunter's Ale**, la **St. Andrew's Ale** et toutes les ales écossaises classiques.

BROUGHTON BREWERY
BIGGAR
FONDÉE EN 1980

Créée par un descendant de la famille de brasseurs Younger, cette micro-brasserie produit diverses ales ayant leur propre caractère : **Greenmantle Ale**, **Merlin's Ale**, **Old Kock**, **Special Bitter**, **Ghillie** et **Scottish Oatmeal Stout** (en fût).

MACLAY & COMPANY
ALLOA
FONDÉE EN 1830

Cette brasserie traditionnelle et indépendante, installée dans une tour, date des années 1860 et est toujours aux mains de la famille Maclay. Ses ales sont plus amères et moins maltées que celles produites par l'ensemble des brasseries écossaises. Sa gamme standard comprend la **60/- Ale**, la **70/- Ale**, la **80/- Export** et la **Scotch Ale** ainsi que la **Broadsword Golden Pale Ale**, la **Wallace IPA**, la **Oat Meal Stout** et la **Kane's Amber Ale**. La **Leann Fraoch** est une ale écossaise traditionnelle épicée parfumée à la bruyère.

ORKNEY BREWERY
QUOYLOO
FONDÉE EN 1988

Située sur l'île principale de l'archipel des Orkneys, près des côtes nord de l'Écosse, cette brasserie est la plus septentrionale des îles britanniques. Elle brasse la généreuse **Dark Island**, la rousse **Raven Ale**, la **Red Mac-Gregor**, la **Dragonhead Stout** et la **Skull Splitter**, une bière à base d'orge.

SCOTTISH COURAGE
ÉDIMBOURG
FONDÉE EN 1749

La plus ancienne partie de ce géant de la brasserie a été créée en 1749 avec la William Younger Brewery. Puis McEwan, fondée en 1856, a fusionné avec Younger pour devenir Scottish Brewers en 1931, qui a son tour a fusionné avec Newcastle Breweries. C'est en 1995 que Scottish et Newcastle se sont associés à Courage, dont les origines remontent à 1787. Les produits de Younger et McEwan sont fabriqués dans la McEwan's Old Fountain Brewery à Édimbourg : **McEwan's Export**, **McEwan Younger IPA**, **McEwan 90/-** et **Younger N°.3**. **McEwan's Scotch Ale**, une version destinée à l'exportation. Autres bières du groupe Scottish-Courage : **Courage Best Bitter**, **Webster's Yorkshire Bitter**, **Matthew Brown Dark Mild** et **Home Bitter**. Elle sont brassées dans les diverses brasseries du conglomérat situées en Angleterre. La renommée **Newcastle Brown Ale**, brassée depuis les années 20, sort par exemple de la Tyneside Brewery dans le nord de l'Angleterre.

TRAQUAIR HOUSE BREWERY
INNERLEITHEN
FONDÉE EN 1965

Le manoir Traquair date du début du 12ᵉ siècle. D'anciennes installations de brassage abandonnées depuis longtemps y ont été découvertes en 1965 et ont été de nouveau exploitées. Traquair brasse aujourd'hui une scotch ale généreuse appelée **Traquair House Al**, vieillie en fût de chêne. C'est également le cas de la **Bear Ale** et de la **Jacobite Ale**, qui font partie de la gamme habituelle de la maison. La **Fair Ale** et la **Festival Ale** sont des bières de saison.

Alloa Brewery Company, Alloa : Arrol's 80/-, Archibald Arrol's 80/- 🍺

Borve Brew House, Ruthven

Harviestoun Brewery 🍺 , Dollar : Waverley 70/-, Original 80/-, Montrose, Nouveau

Tomintoul Brewery, Tomintoul : Culloden, Stag, Highland Hammer, Laird's Ale, Wild Cat

Des ouvriers posent devant une cuve de fermentation métallique de 10 tonnes.

Irlande

Pour beaucoup, la bière irlandaise commence et s'arrête avec la stout, et plus exactement avec la guiness. Or ce pays brasse non seulement d'autres stouts telles que la Murphy's et la Beamish (produites à Cork), mais aussi des bières totalement différentes telles que les ales ambrées. Il est vrai que les stouts dominent avec plus de 50 % des parts de marché en Irlande. Les pubs restent le principal lieu de de consommation. D'ailleurs, il se créé perpétuellement de nouveaux pubs brassant eux-mêmes leur bières ou de nouvelles micro-brasseries.

Arthur Guinness & Sons
Dublin

Après avoir signé un bail de 9 000 ans concernant une brasserie de Dublin à l'abandon à la fin du 18ᵉ siècle, Arthur Guinness s'est intéressé aux porters sombres produites dans les environs de Londres. Son fils, également prénommé Arthur, a eu l'idée d'ajouter de l'orge grillé non malté dans le moût, ce qui donne à ces porters foncées très alcoolisées leur pointe fumée unique. À la fin du 19ᵉ siècle, Guinness était la plus grande brasserie du monde et n'a pas tardé à bâtir de nouveaux établissements en Irlande et des régions exotiques telles que les Caraïbes, l'Afrique ou l'Asie du Sud-Est. Aujourd'hui la Guinness est brassée dans plus de cinquante pays et commercialisée dans une centaine. Elle change d'ailleurs de caractère et de degré d'alcool selon les régions. La **Draught Guinness** est douce et onctueuse grâce à l'ajout d'azote et dioxyde de carbone ; il en existe même une version conditionnée en canette, qui contient une « capsule » qui libère de l'azote. La **Guinness Extra Stout** est une variante plus complexe et plus amère qui ressemble beaucoup à la version initiale d'Arthur. La **Foreign Extra Stout** est une bière forte faite à partir de stout concentrée qui a bien vieilli. Arthur Guinness & Sons produit également la **Harp Lager** et la **Harp Export Lager** (un peu plus forte) dans sa brasserié de Dunkalk.

Beamish & Crawford
Cork

Après une période de forte croissance, Beamish & Crawford a traversé une crise dans les années 60. Aujourd'hui elle appartient à Scottish Courage. Elle produit la **Beamish Stout** , à la saveur chocolatée, et la **Beamish Red Irish Ale**.

Biddy Early Brewery
Inagh

Le premier pub-brasserie moderne d'Irlande produit la **Red Biddy Irish Ale**, la **Lager Blonde Biddy**, la **Stout Black Biddy**, la **Real Biddy** (vieillie en fût) et des bières de saison.

Hilden Brewery
Lisburn, Northern Ireland

Hilden est l'une des rares micro-brasseries indépendantes en Irlande du Nord. Parmi ses ales vieillies en fût, citons la **Bitter Hilden Ale** et la **Hilden Special Reserve** .

Murphy Brewery
Cork

Elle est la propriété de Heineken depuis les années 80 mais la Murphy's Lady's Well Brewery située à Cork continue de brasser la **Murphy's irish Stout** , une bière brune amère et très onctueuse. Les bouteilles et les canettes dans lesquelles elle est conditionnée sont munies d'une capsule qui libère de l'azote afin de lui donner son aspect crémeux. Cette brasserie produit également la **Murphy's Irish Red Beer**.

E. Smithwick & Sons
Kilkenny

Il s'agit de la plus ancienne brasserie d'Irlande. La **Smithwick's Ale** est le parfait exemple d'une red ale irlandaise. La **Kilkenny's Irish Beer** , qui correspondait initialement à la version réservée à l'exportation de la **Smithwick's Ale**, est désormais disponible en pression en Grande-Bretagne. La **Smithwick's Barley Wine** est une bière à base d'orge brassée par Macardle à Dundalk.

LETT & CO., MILL PARK BREWERY
    ENNISCORTHY

Lett's est en quelque sorte une brasserie virtuelle car elle a certes lancé sa production propre en 1956 mais elle confie désormais la production de ses bières à des entreprises étrangères dans le cadre d'un contrat de licence : **Killian's Bière Rousse** en France, **Killian's Irish Red** (plus légère) aux États-Unis et **Wexford Irish Cream Ale** en Angleterre.

AUTRES BIÈRES IRLANDAISES

CHERRY'S BREWERY LTD., Waterford : Smithwicks, Hoffmans Lager

MACARDLE BREWERY 🍺, Dundalk : Macardle's Ale, Phoenix

PORTER HOUSE, Dublin (pub-brasserie) : Plain Porter, Oyster Stout, Red Ale

THOMAS CAFFREY, Belfast, Northern Ireland : Caffrey's Irish Ale

FRANCE

La France n'est pas seulement « le » pays du vin, elle dispose aussi d'une longue tradition de consommation de bière. Au début du 19e siècle, il existait encore plus d'un millier de brasseries sur le territoire national. Mais en 1950, deux guerres mondiales et une crise économique ont eu raison de la majorité d'entre elles. Les années 70 ont vu l'émergence de petites brasseries spécialisées qui entendaient contrer les quelques grandes brasseries surpuissantes qui ne produisaient que des lagers. Mais la véritable renaissance est venue du nord-est avec la réintroduction des bières de garde traditionnelles telles qu'en produisent Castelain ou Duyck.

Le marché français est aujourd'hui dominé par les lagers claires – la région Alsace-Lorraine reflète en la matière une nette influence allemande, même si ses bières sont généralement plus sucrées et moins houblonnées que leurs cousines d'Outre-Rhin. Les deux géants que sont les brasseries alsaciennes Kronenbourg et Kanterbräu – qui font toutes deux partie du groupe Danone – sont les principaux producteurs de cette région. L'entreprise hollandaise Heineken, qui appartient depuis peu à Fischer au même titre que Pelforth et Mutzig, détient également une part importante du marché français. On distingue également de nombreux pubs-brasseries ou de cafés à bières qui ouvrent leurs portes dans la région parisienne ou en province, en Bretagne par exemple. Quant aux bières blanches, elles commencent tout juste à s'imposer dans le nord du pays.

BRASSERIE ST. SYLVESTRE
    ST. SYLVESTRE-CAPPEL   **FONDÉE EN 1918**

Située au cœur des Flandres françaises où est cultivé le houblon, St. Sylvestre est une brasserie artisanale classique spécialisée dans les bières de garde. Sa gamme de bières à fermentation haute trahit l'influence de la Belgique voisine. La **Trois Monts** 🍺 🍺 🍺, qui doit son nom aux trois collines

qui entourent la ville, en est un des meilleurs exemples. Elle est jaune dorée, légèrement trouble du fait de l'unique filtration qu'elle a subie, sèche et houblonnée. En comparaison, l'arôme de la **Trois Monts Grand Réserve** est un peu plus complexe. Cette variante vieillie en bouteille et fermée par un bouchon de liège est tout à fait adaptée au stockage. St. Sylvestre brasse également la **Bière de Noël** (également appelée **Flanders Winter Ale**), une bière de saison généreuse et maltée. Elle commercialise parfois aussi la **Bière de Mars** à la fin de l'hiver ou au début du printemps.

BRASSERIE ADELSHOFFEN
SCHILTIGHEIM   FONDÉE EN 1864

Cette brasserie alsacienne, qui appartient à Fisher/Pêcheur (voir ci-après), est considérée comme l'un des laboratoires les plus innovants en matière de bière. L'**Adelscott Whisky Malt Beer** est l'une de ses créations les plus célèbres.

BRASSERIE D'ANNŒULLIN
ANNŒULLIN   FONDÉE EN 1905

Annœullin est situé entre Lens et Lille. Cette entreprise familiale doit sa renommée à sa bière blanche légère, **L'Angelus**, et à sa bière de garde fruitée, la **Pastor Ale**.

BRASSERIE CASTELAIN
BÉNIFONTAINE   FONDÉE EN 1966

Les bières de garde de Castelain sont plus fruitées et moins épicées que les autres bières de ce style. Elles sont à fermentation basse et sont conditionnées en bouteilles fermées par un bouchon de liège. **Ch'ti Blonde** est d'un jaune profond, **Ch'ti Ambrée** est une variante un peu plus maltée et **Ch'ti Brune** est, comme son nom l'indique, la plus foncée de la gamme. Cette brasserie produit aussi la **Jade**, la seule bière organique reconnue en France, de couleur dorée pâle. La bière d'abbaye **St. Arnoldus** est filtrée une première fois puis reçoit une adjonction de levure avant de vieillir en bouteille.

BRASSERIE LA CHOULETTE
HORDAIN   FONDÉE EN 1885

La Choulette est une ferme-brasserie ancienne du nord de la France qui produit des spécialités depuis les années 80, notamment une gamme de bières de garde à fermentation haute : **Blonde**, **Ambrée**, **Robespierre** et **Bière des Sans Culottes** 🍺 🍺 🍺 . Elles sont vieillies en bouteille et ne sont que partiellement fermentées, de sorte qu'elles contiennent encore une certaine quantité de levure. Cette brasserie commercialise également une bière aromatisée à la framboise.

BRASSERIE DE CLERCK GEORG
HAZEBROUCK   FONDÉE EN 1775

Cette brasserie jouit d'une bonne réputation locale avec notamment la **Stager**, la **Dorta-Pils**, la **Paksen** et la **Scot-Ness**. Il ne faut pas la confondre avec la Brasserie de Clerck Michael, devenu célèbre grâce à sa bière de garde **Pot Flamand**.

BRASSERIE DE DEUX RIVIÈRES
MORLAIX   FONDÉE EN 1985

Cette micro-brasserie a été fondée par deux Bretons. Ses bières sont inspirées des ales galloises, notamment la **Coreff Red Label** et la **Black Label**, toutes deux amères.

BRASSERIE DUYCK
JENLAIN   FONDÉE EN 1922

Cette ferme-brasserie familiale produit des bières traditionnelles depuis ses origines. Sa **Jenlain** 🍺 🍺 est une bière de garde classique de fermentation haute et de couleur roux ambré à l'arôme complexe mêlant des notes maltées, épicées et fruitées. Duyck brasse aussi la bière de garde blonde **Sebourg** et des bières de saison telles que la **Bière de Noël** et la **Bière de Printemps**.

BRASSERIE ENFANTS DE GAYANT
DOUAI   FONDÉE EN 1919

Cette brasserie est connue pour sa Bière du **Démon** 🍺 🍺 (12 % vol.), la lager la plus forte qui existe, mais produit également des lagers traditionnelles – bien que fortes – dans le style bière de garde ; c'est par exemple le cas de la **Lutèce** 🍺 et de la **Goudale**. Plusieurs bières d'abbaye sont par ailleurs brassées dans l'abbaye de Crespin et commercialisées sous le nom de **Saint Landelain**.

BRASSERIE FISCHER/PÊCHEUR
SCHILTIGHEIM   FONDÉE EN 1821

Cette brasserie alsacienne produit surtout des lagers telles que la **Fischer Bitter** 🍺 , houblonnée, ou la **Fischer Gold**. La **Bière Amoureuse** est censée être aphrodisiaque en raison du gingembre et des herbes qu'elles contient. Cette brasserie possède Adelshoffen qui brasse l'**Adelscott** au goût fumé si particulier et l'**Adelscott Noir** 🍺 🍺 .

GRANDE BRASSERIE MODERNE
ROUBAIX   FONDÉE EN 1896

Elle brasse diverses bières sous la marque Terken : **Terken Blonde**, **Terken Brune**. La bière de garde **Septante Cinq** 🍺 🍺 est une lager forte à la saveur complexe tandis que la **Brune Spéciale** est une bière à fermentation basse au goût à la fois épicé et fumé.

BRASSERIES KRONENBOURG
STRASBOURG   FONDÉE EN 1664

Kanterbräu, né en Lorraine en 1887 et baptisé d'après un maître-brasseur allemand, était autrefois la plus grande brasserie française. Sa fusion avec le groupe strasbourgeois Kronenbourg a eu lieu en 1994. Elle constitue donc aujourd'hui le second pilier des Brasseries Kronenbourg qui dominent largement le marché. Sa gamme de produits comprend essentiellement une lager, la **Kanterbräu**, une variante sans alcool, la **Tourtel**, et surtout la populaire **Kanterbräu Gold**.

L'ancienne brasserie alsacienne Kronenbourg a connu un essor économique après la Seconde Guerre mondiale en conquérant le marché français avec sa **Premium Bière d'Alsace**. Citons également la **Super-Premium Kronenbourg 1664** et sa variante brune, qui rappellent la date de création de l'entreprise et qui sont toutes deux des lagers corsées à l'arôme généreux, ainsi que la **Bière de Noël** et la **Bière de Mars**. La lager blonde Kronenbourg est la plus connue en France et peut se targuer à elle seule de représenter le quart de la consommation nationale.

BRASSERIE METEOR
HOCHFELDEN   FONDÉE EN 1640

Cette entreprise familiale est sans doute considérée comme la meilleure brasserie de lager d'Alsace. En 1927, elle a obtenu le droit d'utiliser l'appellation Pilsner de la part des autorités tchèques. Elle réalise plus de la moitié de son chiffre d'affaires avec sa bière pression non pasteurisée. Elle commercialise aussi deux lagers plutôt fortes, **Ackerland Blonde** et **Brune**, ainsi que la **Mortimer**, une bière légèrement maltée de style viennois.

PELFORTH BRASSERIES
LILLE   FONDÉE EN 1922

Cette brasserie s'appelait autrefois Pelican. Elle a pris le nom de Pelforth afin qu'il évoque une idée de puissance, reliée à celle de tradition. Elle doit sa renommée à ses spécialités, notamment à la **Pelforth Brune** créée en 1937. Elle commercialise aussi la puissante **Porter**, la **Pelforth Blonde**, la **Pelican Lager**, la **Amberley** au malt de whisky, des bières de saison (**Bière de Noël** et **Bière de Mars**) et une version de l'irish red Ale, la **George Killian's Bière Rousse**. Pelforth appartient à Heineken.

BRASSERIE SCHUTZENBERGER
SCHILTIGHEIM   FONDÉE EN 1740

Cette brasserie, qui est l'une des rares indépendantes d'Alsace, produit deux bocks d'influence allemande, la **Jubilator** et la **Patriator**, ainsi que **La Cuivrée**, assez forte, et des bières de saison et autres spécialités.

TERKEN
ROUBAIX   FONDÉE EN 1920

Cette brasserie indépendante produit une large palette de bières sous divers noms de marque. La plus connue est la **Septante Cinq** (commercialisée par la Grande Brasserie Moderne, également installée à Roubaix). Mais d'autres bières jouent un rôle non négligeable : **Brune Spéciale**, **Terken Bière de Noël** et **Orland**, une lager claire. Certaines marques sont réservées aux supermarchés : **Breug**, **Noordheim**, **Ubald**, **Oberland** et **Upstaal**.

AUTRES BRASSERIES FRANÇAISES

BRASSERIE AMOS, Metz

BRASSERIE ARTISANALE ST. MARTIAL, Limoges

BRASSERIE BAILLEUX/AU BARON, Gussignies : Saison Médard

LES BRASSEURS, Lille : chaîne de petites brasseries artisanales du nord
de la France qui produit des bières colorées pur malt non pasteurisées.

BRASSERIE DE GRANGES-SUR-BAUME, Granges-sur-Baumes : Nébuleuse
Ambrée, Nébuleuse Blanche

BRASSERIE JEANNE D'ARC, Ronchin

BRASSERIE MUTZIG, Schiltigheim

BRASSERIE DE SAVERNE, Saverne

BRASSERIE THEILLIER, Bavay : La Bavaisienne

BELGIQUE

La Belgique produit quelques-unes des bières les plus particulières au monde, tout en respectant des styles traditionnels qui ont plusieurs siècles d'existence. La plupart d'entre elles reçoivent une adjonction de levure ou de sucre une fois qu'elles sont mises en bouteille, afin que se produise une deuxième, voire parfois une troisième fermentation. Cette méthode de vieillissement en bouteille s'appelle la méthode champenoise. Plusieurs bières sont fermées par un bouchon entouré de métal – certaines sont même entourées de papier de soie – et sont destinées à vieillir plusieurs années. Certains styles de bières ou certaines marques se boivent dans des verres spéciaux. Ainsi la Orval se boit dans une coupe très évasée, la Duvel dans une flûte et la Kwak dans un verre très haut dont la partie basse est arrondie en forme de ballon.

Traditionnellement, la fabrication de la bière en Belgique est aux mains de fermes-brasseries et de brasserie d'abbayes. À l'origine, de nombreux établissements étaient des entreprises familiales agricoles qui ont fini par se consacrer uniquement au brassage de la bière. Quelques-unes de ces brasseries sont restées familiales et indépendantes tandis que les autres se sont développées en sociétés ou ont été rachetées par de grands groupes. Le plus grand de Belgique, qui occupe le deuxième rang européen, est Interbrew, auquel appartiennent Artois, Jupiter, Belle-Vue, De Kluis, St. Gilbert's Leffe et bien d'autres. Il existe aussi le groupe Riva qui contrôle quant à lui des brasseries telles que Liefmans, Straffe Hendrick et Het Anker. Mais la majorité de la centaine de brasseries qui existent en Belgique reste indépendante. Par ailleurs des pubs-brasseries et des micro-brasseries ne cessent de se créer.

Les brasseries d'abbayes belges comptent parmi les plus célèbres au monde, notamment celles des cinq abbayes trappistes : Chimay, Westmalle, Orval, Rochefort et Westvleteren. Les moines sont toujours autorisés à officier en tant que maître brasseur, selon des traditions de brassages vieilles de plusieurs siècles. Mais les trappistes ne sont pas les seuls à produire de la bière ; d'autres ordres pratiquent cette activité, soit directement dans leurs locaux, soit en accordant des licences à des brasseries situées un peu partout dans le monde. Inversement, des brasseries produisent des bières dites « d'abbaye » qui portent par exemple le nom de Heiligen, Schreinen ou Kirchen.

Les lambics sont sans doute les bières les plus singulières du fait de leur fermentation spontanée. La plupart des brasseries qui appliquent cette technique se trouvent au sud et à l'ouest de Bruxelles, le long du fleuve Senne. Les lambics sont restées les bières préférées des habitants de Bruxelles et de sa région du milieu du 18ᵉ siècle jusqu'à la Première Guerre mondiale et il semble qu'elles bénéficient d'un retour en grâce depuis peu de temps, en Belgique et ailleurs.

D'autres styles de bières se sont développés en Belgique, tout d'abord à un niveau régional avant de profiter d'une amélioration des infrastructures et d'être distribués plus largement. La bière blanche Witbier a été produite en très grandes quantités dans la ville de Hoegaarden, à l'est de Bruxelles, à une certaine époque, puis ce style a failli disparaître totalement avant que Pierre Celis ne le reprenne dans sa brasserie De Kluis dans les années 60. Depuis, elle est devenue une marque internationale, au même titre que la Celis White produite dans la brasserie texane d'Austin. La bière brune douce-amère Oud Bruin vient de la ville de Flandres Orientales Oudenaarde. Elle est moins rousse et moins forte que les ales rousses de Flandres Occidentales à l'amertume caractéristique – la Rodenbach en est le meilleur exemple. La région nord produit plusieurs types de bières, d'une part des ales cuivrées et fruitées (nord de Bruxelles et d'Anvers notamment) et d'autre part des ales dorées puissantes telles que la Duvet von Moortgat. Il existe bien sûr des imitations dans tout le pays et particulièrement en Flandres. Dans les provinces francophones du sud qui longent la frontière française, on distingue des bières de saison qui sont devenues des marques d'exportation. La plupart des bières aromatisées aux fruits sont produites par des brasseries spécialisées dans les lambics, même si toutes ne sont pas des lambics. Ainsi les excellentes bières fruitées de Liefmans sont dérivées d'ales brunes caractéristiques des Flandres Orientales.

Mais en dépit de cette extraordinaire diversité, le marché belge est dominé par un seul style d'origine étrangère : les lagers de style pils. Interbrew et Alkenmaes commercialisent par exemple plusieurs marques de lagers claires. Mais il faut noter que les spécialités et les bières de saison belges rencontrent une demande internationale toujours plus grande du fait du retour aux « vraies bières ».

ABBAYE DE NOTRE DAME DE SCOURMONT-CHIMAY

FORGES   FONDÉE EN 1862

Chimay est la plus grande et la plus célèbre des cinq brasseries trappistes de Belgique. Le monastère a été inauguré en 1850 et a commencé à produire de la bière dès 1862. Ce sont l'eau de source et la levure de l'abbaye qui donne à la Chimay son caractère épicé unique. Cette brasserie propose trois bières en bouteille de 33 cl qui se distinguent de l'extérieur par la couleur de leur étiquette et du bouchon. **Première**, ou **Chimay**

Rouge, est la première bière produite par l'abbaye et c'est également celle qui a le plus faible degré d'alcool (7 % vol.). Elle est d'une couleur cuivrée intense et dégage un arôme malté à la fois fruité et épicé. La **Cinq Cents** ou **Chimay Blanche** (8 % vol.), un peu plus forte, est une triple ambrée plus houblonnée que les autres Chimay. La plus généreuse, mais aussi la plus complexe est certainement la **Grand réserve** ou **Chimay Bleu**, qui avec un degré d'alcool de 9 % vol. est une bière forte dont la saveur sucrée rappelle celle du porto. Toutes ces bières conditionnées en grandes bouteilles fermées par un bouchon de liège peuvent facilement être stockées – six mois pour la Première et la Cinq Cents et jusqu'à plusieurs années pour la Grand réserve.

BROUWERIJ LIEFMANS
OUDENAARDE   FONDÉE EN 1679

Liefmans est depuis plus de trois siècles le plus grand brasseur de la bière brune amère typique de Flandres Orientales. Cette bière fabriquée à partir d'un mélange de plusieurs malts et d'orge grillé fermente dans des cuves en cuivre ouvertes et vieillit environ trois mois. Elle est commercialisée sous le nom de **Oud Bruin**. Mais l'ale la plus connue de cette brasserie est la **Goudenband** qui résulte du mélange de bière jeune avec de la bière plus mature ; on lui ajoute de la levure et du sucre au moment de la mise en bouteille puis on la laisse vieillir. C'est une bière douce-amère généreuse qui peut rester entreposée plusieurs années. Liefman ajoute également des framboises ou des cerises à son **Oud Bruin** pour en faire de la **Frambozenbier** ou de la **Kriekbier**. Cette brasserie a été achetée en 1990 par Riva, basée à Dentergem et la majorité de ses bières y sont actuellement brassées tant que la rénovation de ses bâtiments n'est pas achevée. La fermentation, le vieillissement et le conditionnement continuent tout de même d'avoir lieu à Oudenaarde.

BROUWERIJ MOORTGAT
BREENDONK-PUURS   FONDÉE EN 1871

Cette entreprise familiale indépendante produit l'une des plus célèbres spécialités belges : la **Duvel**. Elle ressemblait à l'origine aux ales écossaises sombres mais présente désormais une couleur dorée assez claire ainsi que l'a imposé la tendance dans les années 60. Son nom signifie diable car un amateur de bière se serait exclamé « quel diable de bière » en la goûtant pour la première fois dans les années 20. Cette ale forte résulte d'un processus de triple fermentation complexe qui met en

jeu deux types de levure différents. Elle subit une première fermentation à chaud, puis une deuxième à froid, avant de vieillir plusieurs semaines au frais. Elle reçoit alors une nouvelle dose de levure et subit sa troisième fermentation. Son amertume et son arôme proviennent de deux variétés de houblon distinctes. Elle développe une belle mousse blanche lorsqu'elle est servie. Moortgat commercialise également une pils claire, houblonnée et sèche, la **Bel Pils**, ainsi qu'une gamme de bières d'abbayes dont elle cède la production sous licence : la **Maredsous 6**, la **Maredsous 8**, plus foncée, et la **Maredsous 10**.

ABBAYE DE NOTRE DAME DE SAINT-RÉMY
ROCHEFORT   FONDÉE EN **1899**

La tradition de brassage dans le monastère trappiste de Rochefort remonte à la fin du 16e siècle. Ses trois bières se distinguent par leurs degrés d'alcool déterminés par l'ancien système ainsi que par la couleur de leur capsule. La **Rochefort 6** (ou **Red Cap**) est avec ses 7,5 % la plus faiblement alcoolisée des trois. La **Rochefort 8** (ou **Green Cap**) est plus foncée et plus fruitée. Enfin la **Rochefort 10** (ou **Black Cap**) est corsée et complexe.

ABBAYE NOTRE DAME D'ORVAL
VILLERS-DEVANT-ORVAL   FONDÉE EN **1931**

Bien que l'abbaye ait été fondée dès le 12e siècle, la bière d'Orval ne fait l'objet d'une exploitation commerciale que depuis les années 30. La **Orval Trappist Ale**, de couleur orangée, résulte du mélange de malts, de houblons, de différentes variétés de levure et de sucre candi. Elle subit trois fermentations successives (deux en cuve et une en bouteille) et peut être stockée pendant cinq ans maximum. L'emploi de houblon particulièrement amer donne aux bières d'Orval une saveur houblonnée plus prononcée que dans les autres bières trappistes.

ABDIJ ST. SIXTUS
WESTVLETEREN   FONDÉE EN **1839**

L'abbaye de Westvleteren est la plus petite brasserie trappiste. Ses bières sucrées et savoureuses dépassent rarement les frontières de Flandres Occidentales. La **Special 6** (capsule rouge) est de couleur sombre et se caractérise par son goût malté. Viennent ensuite l'**Extra 8** (capsule bleue) et la **Abt 12** (capsule jaune).

ABDIJ DER TRAPPISTEN VAN WESTMALLE
MALLE   FONDÉE EN **1836**

C'est la première brasserie à avoir produit une **Triple**, dont la couleur est assez pâle. La **Westmalle Dubble** est également un classique. Ces deux bières reçoivent un supplément de levure et de sucre au moment de leur conditionnement afin qu'elles subissent une nouvelle fermentation. Elles ont un arôme à la fois malté et fruité mêlé d'une note de houblon, doublé d'un arrière-goût sec.

BRASSERIE D'ACHOUFFE
ACHOUFFE   FONDÉE EN 1982
Cette ferme-brasserie produit deux bières fortes : **La Chouffe** 🍺 , équilibrée et épicée, et la **McChouffe**, plus sombre et inspirée des ales écossaises.

ALKEN-MAES BREWERY
ALKEN ET WARLOOS   FONDÉE EN 1988
Alken et Maes, toutes deux fondées dans les années 1880, ont fusionné en 1988 et ont ainsi constitué le deuxième plus grand groupe de Belgique, qui appartient aujourd'hui au conglomérat français Kronenbourg. La **Cristal Alken Pils** 🍺 et la **Maels Pils** sont les deux produits phares. Citons également la **Mort Subite** 🍺 de Du Keersmakers et la bière d'abbaye **Grimbergen** 🍺 de la Brasserie de l'Union.

BELLE-VUE
BRUXELLES   FONDÉE EN 1913
Cette brasserie qui appartient à Interbrew est le producteur national de lambics. La Gueuze, qui est en fait un mélange, la **Kriek** et la **Framboise** aromatisées aux fruits vieillissent en fût de chêne. Elle commercialise également la **Sélection Lambic** 🍺 🍺 , une gueuze non filtrée, en quantités limitées.

BROUWERIJ BOSTEELS
BUGGENHOUT   FONDÉE EN 1791
La célèbre bière de cette brasserie, la **Pauwel Kwa** 🍺 , doit son nom à un aubergiste du 18e siècle qui offrait cette boisson aux voyageurs de passage dans un verre qui tenait dans un étrier. La **Kwak**, forte et épicée, est donc toujours servie dans le même ballon posé sur un support de bois. Parmi les bières brassées par cette maison, il convient également de citer la **Prosit Pils**.

BRASSERIE CANTILLON
BRUXELLES   FONDÉE EN 1900
Cette brasserie traditionnelle ne produit ses lambics que pendant les mois froids de l'année quand la levure naturelle est la plus active. Elle brasse notamment la **Kriek** 🍺 🍺 , la **Framboise** 🍺 🍺 , la **Gueuze** 🍺 🍺 et la **Faro** 🍺 🍺 qui sont des bières amères impossibles à confondre avec d'autres. Elle commercialise aussi la **Rosé de Grambrinus** 🍺 🍺 🍺 , aromatisée à la cerise, à la vanille et à la framboise, et la **Grand Cru** 🍺 🍺 🍺 qui vieillit entre trois et quatre ans avant d'être conditionnée en bouteille.

DE DOLLE BROUWERS
ESEN   FONDÉE EN 1980
De Dolle Brouwers 🍺 🍺 (mot à mot, les brasseurs fous) est une petite brasserie qui produit des bières fortes aux étiquettes très colorées. Oerbier est sa première création, suivie de la bière de Noël **Stille Nacht**, de la bière d'été **Arabier** et de **Boskeun** 🍺 🍺 mot à mot (qui signifie « lapin des bois »), brassée à Pâques.

BOUWERIJ DE KLUIS
HOEGAARDEN   FONDÉE EN 1966
L'ancien laitier Pierre Celis a réintroduit le style Witbier dans toutes les villes qui l'ont rendu célèbre. La **Hoegaarden Witbier** 🍺 🍺 🍺 est une bière blanche trouble qui se caractérise par des saveurs d'orange et de coriandre. La brasserie produit aussi la **Julius** 🍺 🍺 de couleur ambrée, la **Grand Cru** 🍺 🍺 , plutôt forte et la **Verboden Vrucht** 🍺 🍺 🍺 (qui se traduit par « fruit défendu »). L'établissement a été victime d'un incendie en 1985 et a alors été racheté par Interbrew.

Brouwerij De Koninck
Anvers   Fondée en 1833

Cette brasserie s'est opposée à la mode des pils fortes à laquelle ont succombé la plupart de ses concurrents locaux. La **De Koninck** est une ale belge classique dont la saveur maltée fruitée est contrebalancée par le houblon. La **Cuvée de Koninck** est la version la plus alcoolisée.

Brouwerij De Smedt
Opwijk   Fondée en 1790

La brasserie familiale De Smedt produit des bières d'abbaye pour Affligem depuis la destruction du monastère de cette localité pendant la Seconde Guerre mondiale : la **Affligem Dobbel**, la **Affligem Tripel**, la **Affligem Noël** et la **Op Ale**, ambrée.

Brasserie Dubuisson Frères
Pipai   Fondée en 1769

Elle produit la **Bush**, une ale belge très forte vendue aux États-Unis sous le nom de **Scaldis Belgian Special Ale** (pour éviter toute confusion improbable avec la bière Busch). Au moment de Noël, elle commercialise aussi la **Bush Noël (Scaldis Noël)**, assez semblable bien que plus houblonnée. Les deux affichent fièrement un taux d'alcool de 12 % vol.

Brasserie Dupont
Tourpe   Fondée en 1850

Petite ferme-brasserie qui produit des bières traditionnelles. La **Saison Dupont**, conditionnée en bouteille fermée par un bouchon de liège, est une bière de saison classique, riche en levure et vieillie en bouteille. Il existe d'autres versions de la bière de saison : la **Moinette Blonde**, la **Moinette Brune** et la **Foret**, une bière organique.

Brouwerij Frank Boon
Lembeek   Fondée en 1976

Frank Boon a été l'un des pionniers qui a redécouvert l'ancien style des lambics. Il en brasse plusieurs, très traditionnelles : la **Gueuze**, la **Kriek**, la **Framboise** et la **Pertotale Faro**, mais aussi un mélange de plusieurs variétés appelé **Mariage Parfait**.

Brasserie Lefebvre
Quenast   Fondée en 1876

Elle brasse des bières de styles très différents qui vont de la **Saison 1900** parfumée au gingembre à la **Barbar** aromatisée au miel, en passant par la **Witbier Student** aux fruits. Elle commercialise également des bières d'abbayes sous le nom de **Floreffe** : **Floreffe La Meilleure**, **Floreffe Dobbel** et **Floreffe Tripel**.

Brouwerij Lindemans
Vlezenbeek   Fondée en 1869

La famille Lindemans a commencé à brasser de la bière au début du 19e siècle et a aménagé sa ferme en véritable brasserie cinquante ans plus tard. Elle s'est spécialisée dans les lambics aromatisés aux fruits telles que la **Framboise**, la **Kriek** et la plus inhabituelle **Pêche**. Elle mélange sa propre **Gueuze Cuvée René** destinée à l'exportation et vend ses lambics à d'autres producteurs de gueuze.

Martens Brewery
Bocholt (Limbourg)   Fondée en 1758

Martens est une grande brasserie indépendante qui produit plusieurs bières de saison. La **Sezoens** est une ale houblonnée de couleur dorée et la **Sezoens Quattro** est une bière ambrée fortement alcoolisée. La maison produit également des pils, parmi lesquelles la **Premium Pilsener**.

BRASSERIE PALM
STEENHUFFEL   FONDÉE EN 1747

Elle produit la **Palm Spéciale**, une ale ambrée et maltée très appréciée dont il existe également une version plus sombre pour l'hiver : la **Dobbel Palm**. Elle brasse aussi la **Aerts 1900**, plutôt forte, et la **Steendonk Witbier**.

BROUWERIJ RODENBACH
ROESELARE   FONDÉE EN 1836

Rodenbach produit la meilleure ale rousse de Flandre-Occidentale. Cette brasserie exceptionnelle possède des centaines de grands fûts en chêne dans lesquels la bière vieillit pendant deux ans maximum. C'est précisément le bois et les levures qui y vivent qui donnent cette couleur verdelette à la bière. La **Rodenbach Belgian Red Ale** est un mélange de bière vieillie et de bière jeune alors que la **Rodenbach Grand Cru** est une ale directement conditionnée en bouteille à partir des fûts. Enfin l'**Alexander** est une Grand Cru aromatisée à la cerise.

BRASSERIE DE SILLY
SILLY
FONDÉE EN 1850

Cette brasserie est essentiellement connue pour sa bière de saison mélangée, la **Saison de Silly**. Elle brasse aussi La **Divine**, une bière d'abbaye forte, la **Titje**, une bière blanche épicée, la **Double Enghien Blonde** et la **Double Enghien Brune**, deux ales fortes mais sucrées.

TIMMERMANS
ITTERBEEK
FONDÉE EN 1888

Il s'agit d'un producteur de lambics traditionnel. Dans sa gamme de lambics purs ou mélangés, on distingue la **Kriek**, la **Pêche**, la **Framboise**, la **Gueuze Caveau** et la **Blanche Wit**. La **Bourgogne de Flanders** est un mélange de lambic et d'ale rousse belge.

BROUWERIJ VAN HONSEBROUCK
INGELMUNSTER   FONDÉE EN 1900

Cette brasserie propose un grand nombre de spécialités : la **Kesteelbier**, forte et corsée, qui vieillit en bouteille, dans la cave du « château » familial, la **Brigand**, une ale également forte, la **Bacchus**, une ale rousse, et divers lambics.

AUTRES BIÈRES BELGES

BROUWERIJ ARTOIS, Louvain : Stella Artois, Loburg

BAVIK-DE BRABANDERE, Babikove : Petrus Oud Bruin, Bavik
    Premium Pils, Bavik Witbier

BRASSERIE LA BINCHOISE, Binche : Bière des Ours, Fakir, Spéciale Noël

BREWERY DE BLOCK, Peizegem : Satan Ale

Brouwerij Bockor, Bellegem : Bellegems Bruin, Bockor Ouden
Tripel , Jacobins Lambic

Brouwerij Corsendonk, Oud Turnhout : Agnus Dei (Monk's Pale
Ale), Pater Noster (Monk's Brown Ale)

Brasserie Friart, Le Roeulx : St. Feuillien Cuvée de Noël,
St. Feuillien Blonde , St. Feuillien Brune

Brouwerij De Gouden Boom , Bruges : Blanche de Bruges,
Bruges Tripel, Steenbrugge Dubbel, Steenbrugge Tripel

Brouwerij Haacht, Boortmeerbeek : Coq Hardi Pils, Gildenbier ,
Haecht Witbier , Primus Pilsener

Brouwerij Het Anker, Mechelen : Gouden Carolus , Mechelsen
Bruynen , Toison d'Or Tripel

Brouwerij Huyghe, Melle : Delirium Tremens

Brouwerij Riva, Dentergem : Lucifer , Vondel, Dentergem Wit

Roman, Oudenaarde : Oudenaards , Dobbelen Bruinen ,
Sloebert , Ename Dubbel Abbey , Romy Pils

Brouwerij St. Bernadus , Watou : Pater 6, Prior 8, Abt 12,
St. Bernadus Tripel

Brouwerij St. Jozef, Opitter : Pax Pils , Limburgse Witte ,
Bosbier, Bokkereye

Brouwerij Slaghmuylder, Ninove : Witkap-Pater Abbey Single Ale,
Witkap-Pater Abbey Dubbel , Witkap-Pater Abbey Tripel

Straffe Hendrick, Bruges : Bruges Straffe Hendrick

Strubbe Brewery, Ichtegem : Ichtegem Oud Bruin

Brasserie De Troch, Wambeck : Gueuze Lambic , Kriek Lambic,
Pêche Lambic, Exotic Lambic, Tropical Lambic

Vander Linden, Halle : Duivelsbier , Frambozenbier, Vieux Foudre
Gueuze

LUXEMBOURG

L e minuscule Grand Duché du Luxembourg situé à la frontière sud de la Belgique peut se prévaloir d'une tradition presque millénaire. Ainsi, par exemple, la plus ancienne brasserie ouvrit-elle ses portes dès 1083, exactement à l'endroit où se situe la brasserie Mousel. Avant 1815, date à laquelle les pils commencèrent à dominer, le Luxembourg comptait plus de 400 brasseries artisanales. Aujourd'hui, le Grand Duché ne présente plus qu'un petit nombre de brasseries qui produisent essentiellement des blondes légères ou une brune de saison. Une grande partie de la production nationale est destinée à l'exportation.

BRASSERIE BATTIN
ESCH-SUR-ALZETTE   FONDÉE EN 1937

Bien qu'elle soit la plus petite brasserie du Duché, elle produit les meilleures bières. Citons notamment la **Edelpils**, très dense, et la **Battin Dunkel**, plus sombre.

BOFFERDING BRASSERIE NATIONALE
BASCHARGE   FONDÉE EN 1842

La vieille brasserie Bofferding s'est associée à Funck-Bricher en 1975 et a fondé la plus grande structure du pays : la Brasserie Nationale. Elle produit la **Hausbeier**, une bière maltée, la **Bofferding Christmas Beier**, une brune, et la **Freijoers**, une bière non filtrée très rafraîchisante. Mais celle qui rencontre le plus grand succès populaire reste la **Bofferding Lager Pils**.

BRASSERIE DE DIEKIRCH
DIEKIRCH   FONDÉE EN 1871

Elle fait partie des trois plus grandes brasseries du pays et propose donc une large gamme de bières, parmi lesquelles la **Diekirch Pilsner**, très claire, la **Diekirch Exclusive**, une lager douce, la **Light** et une brune ambrée.

BRASSERIE MOUSEL & CLAUSEN
ALTMÜNSTER   FONDÉE EN 1083

La brasserie Mousel est la plus ancienne des brasseries du Luxembourg. Avec la Clausen, avec laquelle elle a fusionné, elle s'est spécialisée dans la production de **Altmünster** et des lagers **Marstield Pilsner** et **Mousel Pilsner**.

BRASSERIE DE WILTZ
WILTZ   FONDÉE EN 1824

Cette petite brasserie a été rachetée par la famille Simon en 1891. Elle a été détruite pendant la Seconde Guerre mondiale mais a survécu grâce à sa célèbre **Simon-Pils**, à sa sombre **Simon-Noël** et à sa bière spéciale bien houblonnée **Simon-Régal**.

Pays-Bas

Les traditions allemandes et belges voisines influencent de plus en plus l'industrie hollandaise de la bière. Elle est surtout connue pour ses lagers dorées telles qu'en produisent Heineken ou Grolsch, mais même ces grands groupes commercialisent également des lagers brunes, des bocks ou des ales de style bière d'abbaye. Certaines brasseries proposent aussi des bières de style Oud-Bruin belge, et de plus en plus souvent des blanches, des ales épicées et même des stouts ou des porters.

Le cœur de la culture et de la consommation de la bière se situe davantage dans le sud du pays car le nord protestant réserve sa préférence pour des boissons plus fortes telles que la genévrette ou le Beerenburg, un schnaps aromatisé aux herbes. Mais toutes les villes ou presque ont des cafés à bières, ce qui représente un marché plutôt intéressant pour les micro-brasseries nouvellement créées.

Alfa Brouwerij
Shinnen   Fondée en **1870**

Cette petite brasserie indépendante applique la loi allemande sur la pureté des bières et propose des produits qui ont une douce saveur de houblon et qui sont exclusivement brassés avec du malt. La **Super Dortmunder** 🍺 🍺 est une bière sucrée et forte dérivée du style allemand. L'**Alfa Edel Pils** est un peu plus houblonnée et la **Lenke Bok** est une bock classique de style hollandais.

Arcen Bierbrouwerij
Arcen   Fondée en **1981**

Même si le rachat de cette brasserie par Interbrew a entraîné une augmentation de la production au profit des lagers, Arcen propose encore plusieurs spécialités telles que la bière à base d'orge **Grand Prestige** 🍺 🍺 (10 % vol.), qui est d'ailleurs la plus forte bière produite dans tout le pays.

Bavaria Breweries
Lieshout   Fondée en **1719**

Elle compte parmi les plus anciennes du pays et appartient toujours à la famille qui l'a fondée. Dès le début du 20e siècle, elle s'est orientée vers les lagers, ce qui a motivé le choix de son nom de Bavaria. Ses lagers – **Bavaria Lager** et **Swinkel's Export Beer** par exemple – sont généralement plus légères que les bières bavaroises.

Brand Bierbrouwerij
Wijlre   Fondée en **1871**

Elle ne porte le nom de Brand que depuis les années 1870 mais existait déjà au 14e siècle. Elle appartient aujourd'hui à Heineken mais continue de produire ses propres produits dont deux bocks, l'**Imperator** 🍺 🍺 et la **Brand Dubbelbock** 🍺 🍺, une bière d'hiver forte, la **Sylvestor** 🍺 🍺, et deux pils savoureuses, la **Brand Urtyp Pilsner (OP)** 🍺 🍺 et la **Brand Pils** 🍺.

Breda Brouwerij
Breda
FONDÉE EN 1538

La brasserie répondant à ce nom n'existe plus en fait car la Bredaer Drie-Hofjzers fondée en 1538 a été avalée depuis longtemps par le groupe anglais Allied Breweries, qui possède également la brasserie Oranjeboom de Rotterdam. C'est donc sous ce dernier nom que les deux anciennes brasseries continuent de commercialiser leur large choix de produits : la légère **Royal Dutch Posthorn**, la puissante **Oranjebom-Pilsner** et la **Het Elfde Gebod**, encore très jeune.

Budels Brouwerij
Budel
FONDÉE EN 1870

Budels 🍺 🍺 brasse plusieurs spécialités ainsi que des standards tels que **Budels Pilsner**, **Budels Alt** et **Parel**, qui sont des interprétations des bières traditionnelles de Düsseldorf et de Cologne. La **Capucijn** est quant à elle une bière d'abbaye épicée et fumée.

Dommelsche Brouwerij
Dommelen
FONDÉE EN 1754

Elle brasse surtout des pils dont les plus connues sont la puissante **Dominator** et la **Jubilator**, une bock sombre et amère. Cette brasserie appartient au groupe belge Interbrew.

De Drie Ringen Brouwerij
Amersfoort
FONDÉE EN 1989

De Drie Rinden (« Les trois anneaux ») est l'une des micro-brasseries qui connaît le plus grand succès. Elle brasse surtout des bières à fermentation haute telles que l'**Ale Hopfenbier**, la blanche épicée **Amersfoort Wit**, la bière d'abbaye **Tripel**, la **Meibok**, mais aussi des bières de saison et des spécialités.

Grolsch Bierbrouwerij
Enschede
Fondée en 1615

Peter Cuyper a créé cette brasserie dans la ville de Groenlo qui s'appelait alors Grolle. Les premières bouteilles dotées d'une petite anse commercialisées par Grolsch à la fin du 19e siècle sont toujours la marque de fabrique de cette brasserie indépendante qui a préféré conserver cette bouteille particulière plutôt que d'opter pour un contenant moins coûteux. La **Grolsch Premium Lager** 🍺 est une pils dorée aux arômes de houblon que rééquilibre une légère saveur maltée. La **Grolsch Amber Ale** 🍺 🍺 est une bière rousse-ambrée de fermentation haute qui contient deux variétés de malt d'orge et une petite quantité de malt de blé. Les bières de saison comprennent la **Grolsch Summer-blond** (Zomergoud) et deux bocks, la **Meibock** 🍺 et la **Bockbier** 🍺. Aucun des produits de cette brasserie n'est pasteurisé, même ceux destinés à l'exportation.

Gulpener Bierbrouwerij
Gulpen
FONDÉE EN 1825

Parmi les bières intéressantes produites dans cette brasserie, citons la **Sjoes** , une pils pur malt à laquelle est ajouté un trait de Oud Bruin, cette lager foncée et sucrée typique de Belgique. Cette pils est également commercialisée telle quelle sous le nom de **X-Pert** . La **Mestreechs Aajtt** est un mélange de Oud Bruin et d'une lambic fermentée à l'air libre. La **Korenwolf** est une blanche qui contient de l'avoine et du seigle en plus des traditionnels orge et blé. Gulpener propose aussi la **Dort** et la **Meibok**.

Heineken
Amsterdam
FONDÉE EN 1863

Elle est la deuxième brasserie nationale et certainement la plus représentée sur le plan international avec des établissements et des licences répartis dans plus d'une centaine de pays. La lager connue de tous sous le simple nom de **Heineken** est l'emblème de cette entreprise. Mais elle produit aussi des bières pur malt plus riches en arôme : **Tawreborg** , la **Van Vollenhoven Stout** et la **Kylian** , de style irlandais. Elle brasse par ailleurs la **Amstel Light**, destinée à l'exportation, et d'autres bières que produisait la brasserie Amstel qu'Heineken a rachetée dans les années 60 et qui est en passe de disparaître.

Abdij von Koningshoeven – Trappisten Bierbrouwerij « De Schaapskooi »
Eindhovensweg
FONDÉE EN 1884

L'abbaye trappiste de Koningshoeven brasse des **Ales** traditionnelles conditionnées en bouteille en utilisant des levures cultivées sur place et l'eau de source de l'abbaye. La **Dubbel** est une bière brune couleur rubis avec une note épicée, presque amère. Viennent nsuite la **Triple**, une blonde houblonnée, et la **Quadrupel**, toutes deux plus alcoolisées. La plus récente de la gamme est l'**Enkel**, une ale ambrée. L'ensemble de ces bières est aussi bien vendu sous le nom de La Trappe que sous celui de Koningshoeven.

De Kroon Bierbrouwerij
Oirschot
FONDÉE EN 1627

Cette petite brasserie indépendante située à proximité de la Belgique est connue depuis toujours pour sa lager couleur de bronze de style viennois, la **Elegantier**. Mais elle produit aussi d'autres lagers aux goûts puissants, ainsi que des bocks blondes et brunes.

De Leeuw Bierbrouwerij
Valkenburg
FONDÉE EN 1886

Autre brasserie indépendante qui fait parler d'elle pour ses spécialités telles que la **Jubileeuw** et la **Dortmunder Super-Leeuw** à la saveur fraîche et maltée. Quant à la **Valkenburgse Wit** aromatisée à l'ananas, c'est une affaire de goût.

Lindeboom
BrouwerijNeer
FONDÉE EN 1870

Sa gamme de lagers de style viennois comprend la **Gouverneur**, mais aussi une **Bocksbier** très appréciée, une **Pilsner** sèche, une **Braunes** et une **Maibock** plutôt sucrée.

MAASLAND BROUWERIJ
OSS
FONDÉE EN 1989

Cette brasserie pourtant jeune encore est réputée pour produire les meilleures ales épicées des Pays-Bas. La plus remarquable est la **Triple Bier d'n Schele Os** faite avec du seigle et des épices, dont l'arôme est fruité et la douceur maltée.

MAXIMILIAAN
AMSTERDAM

Les bières de cette brasserie située au cœur d'Amsterdam ont un accent allemand : la **Tarwebier** est une blanche sucrée comme une bavaroise, la **Bethanien** une bière légère et sèche comme une Kölsch. **Caspar's Max** est une triple généreuse couleur bronze qui ressemble à la **Klooster**, plus foncée. La gamme est complétée par des bières de saison.

ORANJEBOOM BIERBROUWERIJ
BREDA
FONDÉE EN 1670

Oranjeboom a été racheté par les Allied Breweries anglaises et transférée à Rotterdam dans la brasserie Drie-Hoefijzers («Trois fers à cheval»). Elle brasse notamment la **Oranjeboom Pils** et la **Oranjeboom Oud bruin**.

RAAF BROUWERIJ
HEUMEN
FONDÉE ENTRE LE 17e ET LE 18e SIÈCLE

Après une longue interruption de 60 ans, cette brasserie a été rouverte par un couple étranger à cette activité. Elle propose désormais des bières d'abbaye à fermentation haute. La savoureuse **Witte Raaf** a éveillé l'intérêt du groupe Allied Breweries & Oranjeboom, qui n'a pas tardé à racheter l'établissement et à favoriser la production de cette bière. La **Bergzicht** est une bière forte de fermentation haute dont la création est relativement récente.

BROUWERIJ DE RIDDER
MAASTRICHT
FONDÉE EN 1852

Cette petite brasserie fait partie du groupe Heineken. Elle produit la **Wieckse Witte** , une blanche épicée et non filtrée, et la **Matezer** , une lager maltée et forte ressemblant aux bières de Dortmund.

BIERBROUWERIJ ST. CHRISTOFFEL
ROERMOND
FONDÉE EN 1986

Cette brasserie spécialisée dans les lagers a été fondée par Leo Brand, issu d'une grande famille de brasseurs implantée à Wiljre. Elle doit son nom au saint patron de Roermond, St. Christoffel. Ses produits : **Christoffel Blond** , une bière pur malt houblonnée de style pils qui jouit d'une bonne réputation, **Christoffel Robertus** , une lager sombre de style munichois.

US HEIT
UITWELLINGERGA
FONDÉE EN 1985

Cette brasserie a débuté son activité dans une étable. Aujourd'hui elle produit plusieurs ales acides, caractéristique commune aux autres bières qu'elle brasse. Tout a commencé avec la **Buorren**, bière rousse-bronze sèche et fruitée. On distingue deux pils intéressantes et une bock.

Brouwerij 't IJ
Amsterdam

FONDÉE EN **1984**

Cette micro-brasserie 🍺 🍺 installée sous un moulin à vent produit toute une gamme d'ales. La **Natte** est une double sombre de type bière d'abbaye et la **Zatte** une triple épicée. La **Colombus** est une ale claire et forte tandis que la **Struis**, toute aussi forte, est sombre.

Autres bières néerlandaises

De Hoeksche, Oud Beijerland : Speciaal

Valkenburgs Wit, Venloosch : Alt 🍺

St. Martinus, Groningen : Cluyn

Moerenburg, Tilburg : Witbier, Karakter, Gouwe Ouwe

Zeeuwse-Vlaamse, Hulst : Zeeuwsche Witte, Bruine, Sint Jan Bier

De Zon, Schaijk : Brabants Glorie

Oudaen, Utrecht (pub-brasserie) : Tarwebok

ALLEMAGNE

L'Allemagne est placée dans les premières nations au monde tant pour la production que pour la consommation de bière. Un bon millier de brasseries produisent actuellement 120 millions d'hectolitres par an. Les grandes brasseries de Munich et sa fête annuelle de la bière, mais aussi les bières du nord du pays d'inspiration scandinave et les rassemblements populaires arrosés de bière le long du Rhin et dans la Ruhr, composent en partie le paysage culturel allemand. Il n'y a rien d'étonnant à cela lorsqu'on sait qu'au 1er siècle déjà, d'après l'empereur romain Tacite, les Germains préparaient une boisson étrange à partir d'orge et de blé. La loi sur la pureté de la bière qui fut édictée au 16e siècle et qui prescrivait les ingrédients autorisés n'est plus obligatoire mais les brasseurs allemands s'en réclament encore fièrement aujourd'hui pour garantir la pureté et la qualité de leurs bières. L'Allemagne possède une grande richesse de styles et de variétés de bières héritées de traditions locales ou régionales. Globalement, peu de marques nationales ont donc réussi à s'imposer car les habitants sont restés fidèles à leurs produits locaux. Il existe toutefois de grands conglomérats qui ont pris le contrôle de brasseries autrefois indépendantes. Le plus imposant d'entre eux, Bräu und Brunnen, comprend les brasseries Bavaria St. Pauli, Dortmunder Union (DUB), Einbecker, Jever, Küppers et Schultheiss. Les groupes Henninger et Binding possèdent chacun une multitude de petites brasseries, tandis que Spaten-Franziskaner-Brauerei a fusionné avec Löwenbräu en 1997.

Chevaux de brasserie décorés pour la Oktoberfest.

De façon générale, les bières du nord sont houblonnées et sèches tandis que celles du sud sont plus sucrées et maltées. Des brasseries telles que Holsten, Beck's et Jever dans la région de Brême et Hambourg produisent par exemple essentiellement des lagers sèches de type pils. Il existe par ailleurs des traditions locales dans plusieurs villes : la Kölsch à Cologne, la Dortmunder Export à Dortmund et la Altbier à Düsseldorf. Berlin est également connu pour sa blanche amère. Mais c'est bien Munich qui s'impose comme le centre de production national de bière. De la blonde (hell) à la brune (dunkel) en passant par la blanche trouble (hefetrüb) et la double-bock généreuse, tout y est brassé. La Bavière rassemble les deux tiers des brasseries du pays sur son territoire. Mais d'autres régions se démarquent elles aussi par la richesse de leur production ; c'est le cas par exemple de la Franconie. Ainsi la Rauchbier (bière fumée) de Bamberg, la Kellerbier non filtrée et la bière noire de Kulmbacher sont autant de classiques allemands.

Il est également intéressant de constater que cette tradition de brassage a survécu à 40 années de séparation en ex-Allemagne de l'Est et que ce sont les variétés locales ou régionales qui l'emportent là aussi. Même le volume de consommation était approximativement identique dans les deux pays. La qualité des bières est-allemandes était internationalement reconnue et une part importante de la production nationale était de ce fait destinée à l'exportation. À la fin de l'époque communiste, l'industrie de brassage du pays produisait, sans que sa structure de combinat joue quelque rôle que ce soit, quatre types de bières différents (bière de faible densité, bière double, bière de

103

ménage et bière forte) rassemblant 22 variétés parmi lesquelles notamment une double claire, une pils spéciale, une bock claire et une bock sombre.

Étonnamment, ces brasseries est-allemandes ont survécu à la privatisation, même si beaucoup sont passées aux mains de groupes ouest-allemands, grâce à leur ancrage régional et à leur succès à l'étranger. Plusieurs variétés ont réussi à s'imposer à l'ouest en plus de la blanche de Berlin ou de la bière noire de Köstritzer, qui sont toujours restées des produits standard dans la gamme des bières allemandes traditionnelles, malgré la présence du mur.

Hausbrauerei Altstadthof
Nuremberg
Fondée en 1984

Elle est prisée pour ses bières brunes organiques et non filtrées. Mais elle brasse aussi des bocks et des **Märzen**. Ses ingrédients et ses méthodes de fabrication sont classiques.

Augustiner Brauerei
Munich
Fondée en 1803

Augustiner est moins connue sur le plan international que les grandes brasseries munichoises, mais elle est très appréciée dans la capitale bavaroise. La **Augustiner Hell** et la **Augustiner Dunkel** , dont il existe dans les deux cas des versions pour l'exportation, possèdent le caractère malté typique des lagers de Munich. Cette brasserie produit aussi une blanche, la **Weissbier** .

Brauerei Ayinger
Aying
Fondée en 1878

Cette brasserie qui appartient depuis sa création à la famille Inselkammer est située dans les environs pittoresques de Munich. Elle est relativement petite mais produit une large gamme de bières couronnées de prix qui font l'objet d'une exportation importante. Le malt et le houblon dont elle a besoin pour ses bières bavaroises classiques sont cultivés dans la région. Elle brasse la **Celebrator** , une doppelbock de qualité exceptionnelle de couleur cuivré sombre, aux riches arômes de malt. La **Altbairisch Dunkel** , une lager foncée, dégage elle aussi une saveur prononcée de malt. Pour commémorer son centième anniversaire, elle a commercialisé la **Jahrhundert-Bier** , dont le style imite celui de la **Dortmunder Export**. La **Maibock** se caractérise surtout par son goût de houblon, mais aussi par une petite note fruitée, tandis que la bière d'automne, l'**Oktoberfest-Märzen** , est une bière claire et maltée. Ayinger produit aussi deux bières blanches : la **Ur-Weisse** , trouble et cuivrée, et la **Bräu-Weisse**, une variante plus claire et amère.

Brauerei Beck & Company
Brême   Fondée en 1873

Véritable géant sur le marché international, Beck's est le premier exportateur de bières allemand. Ses produits sont brassés à Brême : **Beck's Bier, Beck's Dark, Haake Beck Non Alcoholic** et la bière de saison **Beck's Oktoberfest**.

Ce n'est pas un hasard si toutes les brasseries de Brême sont rassemblées au sein d'un groupe car c'est dans cette ville que s'est formée la première corporation de brasseurs en 1489. Il existe une certaine répartition commerciale entre les diverses brasseries : pendant que Beck's Bier et St. Pauli Girl sont des marques d'envergure internationale, les produits Haake-Beck s'adressent par exemple davantage au marché national.

Berliner Kindl Brauerei
Berlin   Fondée en 1872

La brasserie Kindl, qui appartient aujourd'hui au groupe de la Frankfurter Binding Brauerei, produit l'un des derniers exemples de bière blanche de style berlinois : la **Berliner Kindl Weisse** est une ale blanche acide, légèrement fruitée, brassée avec du lactose. La bière blanche est produite en février afin d'être disponible sur le marché au début de l'été. La brasserie commercialise aussi d'autres classiques allemands tels que la **Kindl Pils** et la **Kindl Schwarzbier**.

Binding Brauerei
Francfort   Fondée en 1870

Il s'agit du second groupe producteur de bière en Allemagne. Il comprend, entre autres, les marques Berliner Kindl et DAB. Il brasse des classiques tels que la **Römer Pils**, la **Carolus Doppelbock** et la **Kutscher Alt**, mais est surtout connu pour sa bière sans alcool, la **Clausthaler**. La **Steinhäuser Pils** est destinée au marché américain.

Bitburger Brauerei Th. Simon
Bitburg   Fondée en 1817

Elle fut une des premières en Allemagne à produire les lagers de type pils, qui étaient alors une nouveauté, peu après que Theobald Simon a repris l'affaire de son grand-père, c'est-à-dire dans les années 1880. Elle est toujours dirigée par des descendants de cette famille et brasse aujourd'hui la **Bitburger Premium Pils** qui est la pils dominante et la plus connue en Allemagne, la **Bitburger Light** et la **Bitburger Drive**, sans alcool.

Privatbrauerei Diebels
Issum   Fondée en 1878

Cette grande brasserie familiale produit la **Diebels Alt**, un extraordinaire exemple de alt et constitue, de par sa production, l'une des plus grandes brasseries de alt d'Allemagne. Elle commercialise également des variantes pauvres en calories et en peu alcoolisées.

Dinkelacker Brauerei
Stuttgart   Fondée en 1888

La maison-mère de la plus grande brasserie du sud-ouest de l'Allemagne se situe toujours à proximité du centre de Stuttgart. Parmi ses bières douces de fermentation basse, la **CD-Pils** (CD pour Carl Dinkelacker) reste son emblème, sa bière de prestige. Ses autres produits connus sont la **Cluss Bock Dunkel** brassée à Heilbronn et des spécialités telles que la **Stamm Alt**, la **Sanwald Hefe Weiss** et la **Weizen Krone**.

105

Dortmunder Actien Brauerei (DAB)
Dortmund
FONDÉE EN **1868**

La version DAB de la lager à la façon de Dortmund, la **DAB Export**,
est blonde, maltée, avec une arrière-note de houblon. Mais c'est surtout
pour sa **DAB Meister Pils** que cette brasserie est connue depuis les années
70. Elle produit aussi la **Dortmunder Actien Alt** et des bières de sa filiale
acquise en 1979, la Dortmunder Hansa, comme la **Dortmunder Hansa
Export**.

Dortmunder Kronen Brauerei
Dortmund
FONDÉE EN **1430**

En 1966, la DAB (voir ci-dessus), fit l'acquisition de la célèbre Kronen
Brauerei et reprit un an plus tard sa production. La Kronen Brauerei resta
indépendante pendant plus de 500 ans et fut l'une des plus anciennes
brasseries de Westphalie. La production – l'**Export** , légèrement
maltée, la **Classic**, de couleur claire, et la **Kronen Pils** – se distingue par son
délicat arôme de houblon.

Dortmunder Union Brauerei (DUB)
Dortmund
FONDÉE EN **1873**

La Dortmunder Union est née de la réunion d'une douzaine de
brasseries à la fin du 19ᵉ siècle fait partie du groupe Brau und Brunnen. La
DUB Export est une bière douce typique de Dortmund. Parmi ses pils,
citons la **Siegel Pilsner** et la **Brikhoff's N°.1**. **Dortmunder Ritter**, qui
brasse la **Ritter First Pils**, fait également partie de DUB.

Einbecker Brauhaus
Einbeck
FONDÉE EN **1967**

Avec son siège situé au cœur de la ville réputée pour avoir inventé la
bock, **Einbecker** entretient des relations avec des brasseries vieilles
de plusieurs siècles. Aujourd'hui elle brasse trois variantes de la bock
d'origine – la **Ur-Bock Hell**, la **Ur-Bock Dunkel** et la **Maibock** – ainsi que
la **Brauherren Pils**, une pils sèche.

Erdinger Weissbräu
Erding
FONDÉE EN **1886**

Erdinger produit exclusivement des bières blanches et est d'ailleurs le
premier producteur de ce type de bière sur le marché allemand. Elle brasse
la **Hefe Weissbier** , la **Dunkel Weissbier** , la **Kristall Weissbier** et
la **Erdinger Pinkantus** , une bock blanche. Elle utilise pour cela
essentiellement le blé cultivé dans la région.

Feldschösschen
Brunswick
FONDÉE EN **1888**

Outre les **Pils**, **Pilsener** et **Export**, cette grande brasserie produit des
bières locales tout à fait intéressantes : la **Duckstein**, bière dorée
houblonnée de fermentation haute, et la **Brunswiek Alt** au goût malté.

Cölner Hofbräu P.J. Früh
Cologne
FONDÉE EN 1905

Bien que la brasserie ne soit déjà plus depuis longtemps accolée au café-restaurant « Früh » de Cologne en raison d'un manque de place, beaucoup la considèrent toujours comme un pub-brasserie. La **Früh Echt Kölsch**, à la fois fruitée et amère, est faite sans blé, exclusivement à base de malt d'orge.

Privatbrauerei Gebrüder Gatzweiler
Düsseldorf
FONDÉE EN 1936

La **Zum Schlüssel Alt**, bière claire et houblonnée, porte le nom de la brasserie de Düsseldorf, maison-mère de Gatzweiler. Cette bière se caractérise par un arôme de malt légèrement acide que l'on retrouve également dans la **Gatzweiler Alt**, très largement commercialisée.

Hacker-Pschorr Bräu
Munich
FONDÉE EN 1417

Cette grande brasserie munichoise fait partie du groupe Paulaner depuis les années 70 sans avoir perdu son indépendance économique et technique. Hacker-Pschorr continue à produire des bières allemandes traditionnelles telles que la **Braumeister Pilsner**, la **Edelhell** et la **Oktoberfest Märzen**, ainsi que des blanches, la **Pschorr Weisse** et la **Pschorr Weisse Dunkel**.

Brauerei Heller-Trum, Schlenkerla
Bamberg
FONDÉE EN 1678

Aecht Schlenkerla Rauchbier est la bière fumée typique de Bamberg. Elle est brassée dans le café de Schlenkerla depuis le 17e siècle. La famille Trums a succédé à la famille Heller à la tête de cet établissement. Cette lager très caractéristique de style märzen doit son arôme fumé au feu de chêne utilisé pour chauffer la touraille.

Brauerei Heller
Cologne
FONDÉE EN 1922

Cette petite brasserie utilise uniquement des ingrédients issus de la culture biologique pour brasser sa **Kölsch** robuste et crémeuse. Elle produit aussi la **Urwiess**, trouble et non filtrée, un peu moins douce et maltée, avec une note fruitée puis amère.

Henninger Bräu
Francfort   Fondée en 1869
Dynamique et moderne, cette brasserie est mondialement représentée, notamment par deux produits : la **Kaiser Pilsener** et la **Christian Henninger Pilsener.**

Staatliches Hofbräuhaus
Munich   Fondée en 1589
La Hofbräuhaus est associée dans le monde entier à la ville de Munich. Cette brasserie publique doit sa renommée à l'**Export**, une bière fraîche et maltée. Mais peu savent que c'est elle qui a implanté la bock à Munich avec notamment la **Maibock** ambrée et la **Doppelbock Delicator**. Elle produit aussi toute une gamme de bières blanches, de la **Edel-Weizen** à la **Dunkel-Weizen**.

Hofmark- Brauerei
Cham   Fondée en 1590
Cette brasserie traditionnelle dirigée depuis deux siècles par la même famille, propose deux variantes d'une **Premium** équilibrée : la **Hofmark Wüzig Herb**, amère, et la **Hofmark Würzig Mild**, plus douce, qui possèdent des saveurs de houblon et de malt inhabituelles.

Holsten Brauerei
Hambourg   Fondée en 1879
Cette grande brasserie hambourgeoise est connue pour ses pils houblonnées telles que la **Holsten Pils** et la **Holsten Premium Bier**, mais produit également la **Urbock**, qui en fait une bière de mai, et la **Holsten Export**. Elle est également connue pour sa Holsten Diät Pils, la première de la sorte, spécialement conçue pour les diabétiques.

Weissbrauerei Hans Hopf
Miesbach   Fondée en 1910
La brasserie de la famille Hopf ne produit que des bières blanches : la **Weisse export**, la **Dunkel Weissbier** et la **Weisser Bock**.

Irseer Klosterbräu
Irseer   Fondée en 1390
Même si les moines ont été chassés de Irseer il y a des siècles, la brasserie continue de produire des bières selon leurs recettes : la **Kloster Urtunk,** qui est une märzen non filtrée, une blanche et l'**Abts Trunk**, une bière forte et généreuse.

Schlossbrauerei Kaltenberg
Kaltenberg und Fürstenfeldbruck   Fondée en 1872
Cette brasserie installée dans un ancien château bavarois est surtout connue pour sa **König Ludwig Dunkel** et sa **Prinzregent Luitpold Weissbier**, qui se décline aussi en plus trouble et en plus foncée. Elle produit aussi la **Kaltenberg Pils**.

König-Brauerei
Duisbourg   Fondée en 1858
La célèbre Premium-Pilsener-Brauerei produit l'extraordinaire **König-Pilsener**, puissante et amère, mais aussi la **König Alt**, douce et légère.

KÖNIGSBACHER BRAUEREI
COBLENCE
FONDÉE EN 1900

Elle brasse la complexe **Königsbacher Pils** qu'elle distribue au-delà du simple marché régional et produit aussi la **Richmodis Kölsch** et la **Düssel Alt** pour des filiales.

KROMBACHER BRAUEREI
KREUZTAL
FONDÉE EN 1803

L'eau utilisée dans la fabrication de la très populaire **Krombacher Pils** proviendrait d'une source rocheuse. Cette bière de densité moyenne est pure au goût malté amer.

KULMBACHER BRAUEREI
KULMBACH
FONDÉE EN 1872

La Erste Kulmbacher Brauerei (EKU) constitue le cœur de ce grand groupe qui comprend désormais Mönchshof-Bräu, Reichelbräu et Sandlerbräu. La **EKU 28** est légendaire car c'est la bière dont la proportion de composants de base – c'est-à-dire le moût, avant ajout de l'eau – est la plus forte (28 % comme son nom l'indique). Mais les produits EKU comprennent aussi l'**Export Rubin** de couleur sombre, une **Pils** dense, l'**Edelbock** et la **Kulminator**, une doppelbock très prisée.

REICHELBRÄU AKTIEN-GESELLSCHAFT
KULMBACH
FONDÉE EN 1846

Outre toute une série de bières traditionnelles, elle brasse la meilleure bière de glace qui existe : la **Reichelbräu Eisbock Bayrisch G'frorns** (pour Gefroren = glacé) est une lager forte (10 % vol.) faite à partir de cinq variétés de malt et de trois variétés de houblon. La bière est d'un brun rouge, légèrement maltée et présente une note de whisky et de café au goût.

KÜPPERS KÖLSCH
COLOGNE
FONDÉE EN 1893

Il s'agit du plus gros producteur de Kölsch. Outre sa **Küppers Kölsch** légèrement sucrée, elle brasse aussi la **Küppers Wiess**, une variante non filtrée.

LINDENER GILDE (GILDE BRAUEREI)
HANNOVRE
FONDÉE EN 1546

Le nom de cette brasserie rappelle les débuts de l'activité de brassage sous forme d'une corporation (Guilde) au Moyen-Âge. La spécialité de la maison est indiscutablement la **Broyhan Alt**, de fermentation haute, qui s'accompagne d'un choix de bonnes bières telles que la **Gilde-Pilsener**, la **Premium-Brau Ratskeller-Edel-Pils** et de la **Edel-Export**. La Gilde recouvre également la Brauerei Hasseröder à Werningerrode, de plus en plus appréciée pour sa **Hasseröder Premium**, une pils pleine de caractère.

BRAUEREI LÖWENBRÄU
MUNICH   FONDÉE EN 1383

Cette brasserie de Munich qui est peut-être la plus connue sur le plan international produit des bières typiquement munichoises caractérisées par leur goût prononcé de malt : la **Münchner Dunkel,** la **Münchner Helles**, la **Münchner Oktoberfest** et la **Premium Pilsner**. Löwenbräu a été racheté par Spaten en 1997.

BRAUEREI GEBRÜDER MAISEL
BAYREUTH   FONDÉE EN 1894

Il n'est pas rare de rencontrer le nom de Maisel dans les brasseries de Bayreuth. Bayreuther est la plus importante d'entre elles, notamment parce qu'elle a su profiter intelligemment du retour en grâce des bières blanches en Allemagne. Elle produit aujourd'hui la **Maisel's Weisse**, la **Kristall Weizen** et la **Weizen Bock** , dans des volumes non négligeables, ainsi que la **Maisel's Pilsner** et l'inhabituelle **Maisel's Dampfbier** , une ale de fermentation haute qui ressemble à une bitter anglaise. Elle est filtrée mais non pasteurisée.

BRAUEREI ZUR MALZMÜHLE
COLOGNE   FONDÉE EN 1858

Cette brasserie typique de Cologne est devenue soudainement célèbre après la visite surprise du président des États-Unis en marge du sommet du G8. Sa **Mühlen-Kölsch** douce et savoureuse mérite d'ailleurs bien qu'on s'y intéresse.

BRAUEREI PINKUS MÜLLER
MÜNSTER   FONDÉE EN 1816

Pinkus Müller est une brasserie familiale qui possède aussi des auberges ; elle est la dernière, sur les 150 qui existaient autrefois à Münster, à produire encore des alts. Elle jouit d'une renommée internationale et brasse des bières purement organiques, très écologiques. Sa gamme de produits comprend la **Pinkus Pils**, de couleur dorée, la **Pinkus Weizen** et la **Pinkus Alt** , de couleur dorée, fraîche et à haute fermentation, qui est brassée pour 40 % du blé. La **Altbierbowle** est une spécialité fruitée

de la maison : elle se fait avec une cuillère à soupe de fruits confits finement hachés placée au fond d'un verre qui est ensuite rempli de alt.

PAULANER SALVATOR THOMAS BRÄU MUNICH
FONDÉE EN 1634

Les moines de l'ordre de Saint Franziskus von Paula ont commencé à vendre de la bière en 1780 et la brasserie est passée en mains laïques au début du 19ᵉ siècle. Le rachat de la Thomas-Brauerei dans les années 20 puis celui de Hacker-Pschorr-Brauerei a permis à Paulaner de devenir la plus grande brasserie de Munich. Cette entreprise a toujours été un pionnier technique, notamment en ce qui concerne la production de lagers et le système de refroidissement. Mais sa plus grande innovation demeure le style doppelbock. Les moines brassaient déjà une bière double et forte pour les périodes de fêtes. Ceux qui ont repris la brasserie ensuite ont donc poursuivi dans cette voie et ont appelé cette bière la Salvator (qui signifie le «sauveur») – ceci explique pourquoi aujourd'hui de nombreux producteurs donnent un nom qui se termine par or à leur doppelbock. La **Salvator** 🍺 🍺 🍺 est aujourd'hui, comme hier, une bière forte et généreuse de couleur cuivre profond. Les bières Paulaner sont plus sèches que leurs consœurs munichoises. La lager **Münchner Dunkel** 🍺 et la **Premium Pils** de style allemand classique présentent elles aussi ce caractère sec mais malté. Paulaner brasse également l'**Original Münchner Hell** 🍺 , la **Oktoberfest** et la **Hefe-Weizen** 🍺 , de bonne qualité.

BAVARIA ST. PAULI BRAUEREI
HAMBOURG   FONDÉE EN 1922

Le nom de Bavaria rappelle que de nombreuses brasseries du nord du pays ont repris les techniques bavaroises de fabrication des lagers à la fin du 19ᵉ siècle. Bavaria Brauerei Hamburg s'est associée à la brasserie St. Pauli, établie à Hambourg depuis longtemps, et a pu asseoir son succès grâce à la bière légère **Astra Urtyp** et l'**Astra Pilsener** au bouquet généreux. Les produits St. Pauli, qui comprennent encore une bière d'exportation, l'**Exclusiv**, une pils sèche, la **Grenzquell**, et la **Urbock**, plus sombre, sont désormais brassés dans une filiale (Jever, dans les îles de la Frise) à laquelle la maison-mère fait de l'ombre. **Jever Pilsener** est par exemple considérée comme la bière allemande la plus amère qui existe. La **Jever Export** est un peu plus douce et la renommée de la **Maibock** ne dépasse pas le niveau local.

PRIVATBRAUEREI G. SCHNEIDER & SOHN
KLEHEIM   FONDÉE EN 1856

La Schneider Brauerei, entreprise familiale depuis ses débuts, brasse de la bière blanche depuis le 17ᵉ siècle. Elle est sûrement la plus ancienne brasserie qui ait toujours produit de la bière blanche.En 1855, Georg Schneider avait même obtenu un droit de production exclusif de bière blanche. La **Schneider Weisse** 🍺 🍺 est une bière trouble relativement sombre faite à partir de 60 % de blé qui dégage des arômes complexes et dont le goût est amer et savoureux. L'**Aventinus** 🍺 🍺 🍺 est une blanche conditionnée en bouteille, plus fruitée que la précédente.

Schwabenbräu
Stuttgart   FONDÉE EN 1878

Même si cette petite brasserie de Stuttgart a été rachetée en 1996 par la grande Dinkelacker, ses bières traditionnelles de qualité n'ont pas disparu du marché, comme notamment l'amère **Meister-Pils**, la **Bock** de couleur claire et la **Pfullinger Kloster Pilsener**.

Spaten-Franziskaner-Bräu
Munich   FONDÉE EN 1397

Spaten, la plus ancienne brasserie de Munich, produit de la bière depuis le 14e siècle et la brasserie Franziskaner qu'elle a acquise dans les années 20 a des origines encore plus lointaines. Gabriel Sedlmayer, maître-brasseur à la cour du Roi en Bavière, a pris la direction de Spaten en 1807. Il a beaucoup contribué à son essor et à sa réputation. Ses fils Gabriel II et Joseph ont poursuivi la tâche de leur père et ont fait des

découvertes en matière de refroidissement, de force motrice à vapeur et des techniques de brassage. Spaten a rapidement produit des lagers et a créé son propre style Märzen. La **Premium Lager** et la **Pils** 🍺 sont des bières houblonnées à fermentation basse tandis que la **Dunkel Export** 🍺 🍺 est maltée. L'**Optimator** 🍺 est la doppelbock corsée et savoureuse de la maison. L'**Oktoberfest Ur-Märzen** 🍺 🍺 🍺 est une bière rousse ambrée originale qui dégage de puissants arômes de malt. Les bières blanches produites par Spaten-Franziskaner sont notamment la **Franziskaner Hefe-Weissbier** 🍺 , la **Franziskaner Hefe-Weissbier Dunkel** 🍺 🍺 et la **Franziskaner Club-Weissbier** (filtrée).

Tucher Bräu
Nuremberg   FONDÉE EN 1672

L'offre de cette brasserie d'envergure internationale est très variée : une pils amère, deux blanches, **Alt-Franken Export Dunkel** maltée, **Doppelbock Bajuvator**.

C.& A. Veltins
Meschede   FONDÉE EN 1824

Cette brasserie du Sauerland a en quelque sorte joué un rôle avant-gardiste en Allemagne en produisant les premières pils. C'est pourquoi un certain culte est toujours voué à l'élégante **Veltins Pilsener**, bière brassée avec de l'eau provenant d'une source privée.

Warsteiner Brauerei
Warstein   FONDÉE EN 1753

Cette brasserie traditionnelle est parvenue à faire de son produit-phare, la sèche et houblonnée **Warsteiner Pilsener**, une bière en vue sur le marché national et international. C'est l'une des bières qui enregistre les plus grosses ventes en Allemagne (près de 5 millions d'hectolitres par an).

BAYERISCHE STAATSBRAUEREI WEIHENSTEPHAN
FREISING   FONDÉE EN 1040

Weihenstephan se considère comme la plus vieille brasserie au monde et fait remonter ses origines à une brasserie d'abbaye du 11ᵉ siècle. Cette brasserie qui est aujourd'hui nationalisée produit diverses bières blanches parmi lesquelles la **Hefeweissbier** 🍺 🍺 et la **Kristallweissbier**, mais aussi la **Edelpils**, la **Export Dunkel** et la doppelbock **Korbinian Dunkels Starkbier**. Cette brasserie abrite par ailleurs les locaux de la célèbre école supérieure de brasserie (Brauhochschule).

AUTRES BRASSERIES ALLEMANDES

BUSCH BRAUEREI, Limbourg

DOM-BRAUEREI, Cologne

DORTMUNDER STIFTSBRAUEREI, Dortmund : Dortmunder Thier-Brauerei Dunkel, Mailbock 🍺 🍺

EICHBAUM BRAUEREI, Mannheim : Ureich Pilsner, Export Altgold, Apostulator

ELBSCHLOSS BRAUEREI, Hambourg

BRAUEREI EULER, Wetzlar

BRAUEREI FELSENKELLER, Herford : Herforder Pils 🍺, Herforder Export

FORSCHUNGS BRAUEREI, Munich : St. Jakobus, Pilsissimus

FRIESISCHES BRÄUHAUS ZU JEVER, Jever : Jever Pilsener 🍺 🍺 🍺

FÜRSTENBERG BRAUEREI, Donauchingen : Fürstenberg Pilsener 🍺

FÜRSTLICHE BRAUEREI THURN UND TAXIS, Ratisbonne : Thurn und Taxis Pilsner, Thurn und Taxis Hell, Schierlinger Roggenbier 🍺 🍺

PRIVATBRAUEREI GAFFEL, Cologne : Gaffel Kölsch

HANNEN BRAUEREI, Mönchengladbach : Hannen Alt

HERFORDER BRAUEREI, Herford

KLOSTERBRAUEREI WELTENBURG, Kelheim : Kloster Pils, Kloster Barock Hell, Kloster Barock Dunkel, Kloster Hefe-Weissbier, Kloster Asam Bock

KÖSTRITZER SCHWARZBIERBRAUEREI, Bad Köstritz : Köstritzer Schwarzbier 🍺 🍺 🍺

PRIVATBRAUEREI KROMBACHER, Krombach : Krombacher Pils 🍺

PRIVATBRAUEREI MODSCHIEDLER, Buttenheim : St. Georgen Kellerbier, St. Georgen Märzen

RADEBERGER BRAUEREI, Radeberg

SCHULTHEISS BRAUEREI, Berlin : Schultheiss Berliner Weisse 🍺 🍺 🍺

BRAUEREI SPEZIAL, Bamberg : Lagerbier, Märzenbier

UNERTL WEISSBIER, Haag : Hefeweissbier, Weisser Bock, Leichtes Weisse

ZUM UERIGE, Düsseldorf : Alt

SUISSE

La localité de St Gallen possède les vestiges de l'une des plus anciennes brasseries commerciales d'Europe qui date du 9ᵉ siècle. Les régions de Suisse alémanique ont commencé à produire des bières blondes vers le milieu du 19ᵉ siècle mais depuis, le nombre de brasseries n'a cessé de diminuer. Malgré l'apparition de petites brasseries artisanales et de pubs fabricant leur propre bière, le marché reste dominé par le conglomérat Feldschlösschen-Hürlimann. Ce groupe résulte en fait de la fusion de Feldschlösschen et de Cardinal en 1992, rejoints en 1996 par le géant Hürlimann. Löwenbräu, basée à Zurich – et qui, précisons-le tout de suite, n'a aucun rapport avec la firme munichoise du même nom – n'est autre qu'une filiale de Hürlimann. Les bières suisses se distinguent par leur couleur claire et leur pureté et sont appelées blondes ; le terme de pilsner (ou pils) est réservé aux blondes de la République tchèque. Les bières blanches et brunes occupent la petite part de marché restante.

BRAUEREI HÜRLIMANN
ZURICH   FONDÉE EN **1836**

C'est dans les années 1860 que la brasserie familiale Hürlimann s'est installée sur le site qu'il occupe actuellement, afin d'accéder plus facilement

aux réserves de glace et aux caves froides des Alpes voisines pour entreposer ses produits. Sa participation active en matière de recherche sur les levures (il approvisionne d'ailleurs des centaines de brasseries avec différentes espèces) lui a permis d'en découvrir une qui résiste à un degré élevé d'alcool et donc de créer l'une des bières les plus fortes qui existent sur le marché. **Samichlaus** 🍺 🍺 🍺, dont le nom signifie père Noël en suisse allemand, est une bière ambrée forte (14,7 %). Elle est brassée chaque année le jour de la Saint Nicolas (le 6 décembre) et est commercialisée l'année suivante à la même date, après une année passée en cave. Le résultat est une bière riche, presque crémeuse, à la saveur complexe où se mêlent un goût de malt, une pointe d'épice et le goût de l'alcool. Mais Hürlimann produit également une bière peu alcoolisée, appelée **Birell**, en utilisant une levure spéciale qui remplace la distillation, ainsi qu'une brune au goût de malt, la **Hexen Bräu** (mot à mot, la bière de la sorcière), brassée uniquement en période de pleine lune. Enfin la maison commercialise aussi la **Dreikönigs,** une bière blanche plutôt forte. Hürlimann a malheureusement décidé d'abandonner la production de **Samichlaus** en 1998. Les chanceux qui se sont appropriés les dernières bouteilles et qui les ont laissé vieillir pourront savourer la cuvée ultime de cette bière qui fut la plus forte au monde.

BRASSERIE DU CARDINAL
FRIBOURG   FONDÉE EN 1789

Cardinal, qui fait aujourd'hui partie du groupe Feldschlösschen-Hürlimann, brasse plusieurs bières blondes légères parmi lesquelles la **Cardinal Lager** à la couleur dorée, mais aussi l'**Altbier Anker** et la **Moussy**, une bière sans alcool.

BRAUEREI EICHHOF
LUCERNE   FONDÉE EN 1937

Cette brasserie est ainsi baptisée depuis 1937 seulement, mais ses origines sont beaucoup plus anciennes puisqu'elle fut fondée en 1834 par un certain Traugott Spiess. La meilleure bière qu'elle produit est certainement la fraîche et dorée **Eichhof Lager**, vendue aussi bien à la pression, qu'en canette ou en bouteille.

BRAUEREI FELDSCHLÖSSCHEN
RHEINFELDEN   FONDÉE EN 1874

Feldschlösschen a longtemps été l'un des leaders sur le marché suisse. Cette maison brasse la **Hopfenperle,** une blonde très riche en houblon, la **Dunkle Perle**, une brune, la **Schlossgold**, une bière sans alcool et la **Ice Beer**.

BRAUEREI FISCHERSTUBE
BÂLE   FONDÉE EN 1974

Au milieu des années 70, le café Fischerstube a commencé à brasser sa propre bière, commercialisée sous le nom de Ueli, qui signifie bouffon. Cette petite brasserie offre désormais deux bières : la **Ueli Lager** et la **Ueli Weizenbier**.

AUTRES BRASSERIES SUISSES

BACK UND BRÄU, représentée en plusieurs endroits (pubs produisant leur propre bière)

CALANDA HALDENGUT BRAUEREI, Coire

LOCHER, Appenzell : Vollmond

BRAUEREI LÖWENBRÄU, Matten-Interlaken

STADTBÜHL, Gossau

WARTEK BREWERY, Bâle ; Wartek Alt , Wartek Brune

BRAUEREI LÖWENBRÄU, Zurich : Löwenbräu Lager, Celtic Whiskey Brew

RUGENBRÄU, Matten-Interlaken

AUTRICHE

B ien qu'entourée des deux géants de la bière que sont l'Allemagne et la République Tchèque, l'Autriche possède une tradition de brassage bien distincte. Les premières brasseries du pays sont nées au 13e siècle mais le véritable essor a eu lieu dans les années 1840 lorsque le célèbre brasseur Anton Dreher a lancé la première bière de style viennois. Avec son goût de malt, cette rousse se démarquait tout à fait des brunes allemandes et des pilsners tchèques. Cette même tendance, plus marquée encore, a trouvé écho au Mexique ces dernières années, mais leurs équivalentes viennoises continuent de dominer la scène autrichienne. On y trouve également, occupant une part beaucoup plus réduite, des bières blanches, des pilsners et des bocks, mais aussi de plus en plus souvent, dans un style un peu plus expérimental, des bières à base de seigle et des bières au malt à whisky. Les pubs produisant leur propre bière et les brasseries artisanales remportent un certain succès mais d'après les chiffres de janvier 1998, presque deux tiers de la production autrichienne est imputable à un seul conglomérat, Brau Union Österreich AG, formé en fait des deux principaux groupes nationaux qu'étaient Brau AG et Steirerbrau AG. Cette superstructure rassemble donc les marques suivantes : Edelweiss, Falkenstein, Göser, Innsbruck, Kaiser, Kaltenhausen, Puntigam, Reininghaus, Schwechat, Wieselburg et Zipf.

Schlossbrauerei Eggenberg
Vorchdorf

Fondée en **1681**

Eggenberg produit toute une gamme de bières spéciales, dont notamment la **Urbock 23**, forte et crémeuse. Son goût corsé de malt et ses arômes forts font de cette bière dorée un classique. Après avoir vieilli quelques mois en cave, cette bière est aussi l'une des plus fortes du marché autrichien (tout juste 10 %). La maison commercialise également une bière au malt à whisky tout à fait intéressante, la **MacQueen's Nessie**, pour laquelle elle importe du malt fumé d'Écosse qui lui donne sa couleur bronze doré et sa saveur fumée. La gamme comprend aussi la **Hopfen König**, une bière riche en houblon qui s'apparente aux pilsners, ainsi que la **Eggenberg Märzen** et la **Eggenberg Spezial Dunkel**.

Gösser Brauerei
Loeben-Göss

Fondée en **1913**

Cette brasserie produit les bières autrichiennes les plus connues, parmi lesquelles la **Gösser Gold**, **Gösser Spezial**, **Gösser Märzen**, de basse fermentation, et la **Gösser Export**, plus brune et plus généreuse.

Hubertusbräu
Laa

Fondée en **1454**

Cette très ancienne brasserie familiale se trouve depuis 1841 aux mains de la famille Kühtreiber. Elle respecte volontairement la loi allemande sur la pureté de la bière. Parmi ses produits, citons notamment la puissante **Hubertus Festbock**, la **Hubertus März**, la **Hubertus Dunkel** et deux pils.

Privatbrauerei Josef Sigl
Obertrum · Fondée en 1601

Cet établissement indépendant brasse la **Trumer Pils**, une bière amère et riche en houblon, ainsi que plusieurs bières blanches commercialisées sous la marque Weizen Gold : la **Weizen Gold Dunkel Hefeweizen** et la pétillante **Weizen Gold Champagner** notamment. Les bouteilles présentent la particularité d'afficher des personnages de pop-art sur leur étiquette.

Ottakringer Brauerei
Vienne · Fondée en 1837

Cette petite brasserie familiale brasse des bières de style viennois classique qui se distinguent par leurs arômes de malt. Citons notamment la **Gold Fassl Pils** (blonde), la **Gold Fassl Spezial** avec sa couleur dorée intense, la **Ottakringer Helles Bier** et la **Ottakringer Bock**.

Brauerei Schwechat
Vienne · Fondée en 1632

Cette brasserie, dont la création remonte au 17ᵉ siècle, a fait son entrée sur le devant de la scène dans les années 1830 lorsqu'Anton Dreher en a pris la direction. Cet entrepreneur innovant l'a rendue célèbre à travers tout le pays et l'a même fait fusionner avec d'autres brasseries indépendantes au début du 20ᵉ siècle. Les bières légères proposées aujourd'hui par cette maison s'appellent **Steffl Export**, **Scwechater Lager Beer** et **Hopfenperle** (houblonnée).

Stiftsbrauerei Schlägl
Schlägl · Fondée en 1580

Cette brasserie, qui est la seule en Autriche à être rattachée à un monastère, produit des bières maltées très parfumées en recourant aux méthodes traditionnelles. Citons par exemple la **Gold Roggen**, une bière dorée à base de seigle, ou encore la **Schlägl Pils**, la **Schlägl Kristall**, la **Schlägl Märzen** et la **Schlägl Doppelbock**.

Brauerei Wieselburg
Wieselburg · Fondée en 1770

Il s'agit de l'une des plus anciennes brasseries du pays. Elle brasse des bières autrichiennes traditionnelles telles que la **Wieselburger Gold** et la **Wieselburger Stammbräu**. C'est là également que sont produites les bières de la gamme Kaiser : **Kaiser Premium**, **Kaiser Märzen**, **Kaiser Bock** et **Doppelmalz**.

Autres brasseries autrichiennes

Adambräu, Innsbruck : Adambräu Lager

Brauerei Fohrenburg, Budenz

Privatbrauerei Fritz Egger, Unterradlberg

Brauerei Hirter, Hirt : Hirter Private Pils

Bräuhaus Nussdorf, Vienne : Doppelhopfen-Hell, Old Whiskey Bier, St. Thomas Brau, Sir Henry's Stout, Zwickel Bier

Brauerei Stiegl, Salzbourg : Stiegl Goldbräu, Steigl Weihnachtsbock

RÉPUBLIQUE TCHÈQUE

En matière de bière, la République Tchèque est surtout connue pour ses pilsners, créées dans la ville de Plzen (Pilsen) au milieu du 19ᵉ siècle. Cette bière blonde à la couleur claire reste en tête dans le palmarès national ; il faut toutefois préciser que les Tchèques n'utilisent le terme de pilsner que pour les bières réellement produites dans la ville du même nom. Parmi les grands classiques on distingue par exemple la Pilsner Urquell, mais aussi la Staropramen ou la Budweiser Budvar, légèrement moins amères. La tradition de ce pays ne se résume pas à un seul style de bière. Le houblon cultivé dans les environs de la ville de Saaz (Zatec) en Bohême est l'un des plus recherché dans le monde. Les brasseurs tchèques ont d'ailleurs été parmi les premiers à préconiser l'emploi de cette céréale dans la fabrication de la bière. L'orge de Moravie est également très prisé pour la qualité de son malt. La République Tchèque détient le record de la consommation de bière par habitant. Depuis des siècles, chaque village possède ainsi sa propre brasserie qui produit une bière blonde et une bière brune pour la population locale. Aujourd'hui, beaucoup d'établissements différencient leurs produits à partir du degré d'alcool qu'ils contiennent : 8°, 10° ou 12° dans l'ordre croissant.

Bien que la chute du régime communiste qui a suivi la «révolution de velours» de 1989 ait ouvert la voie au libéralisme et que, de ce fait, de petites brasseries et des pubs producteurs de bières aient vu le jour, la tendance majeure à été au regroupement et à la course à la modernisation. De nombreuses entreprises étrangères ont même racheté des compagnies nationales ou ont passé des accords de coopération avec certaines d'entre elles. La société Bass of England possède ainsi plusieurs brasseries tchèques, parmi lesquelles Branik, Mestan, Ostravar et Staropramen. Pilsner Urquell est quant à lui le plus grand groupe engagé dans cette activité de production de bière en République Tchèque. Il comprend son rival et voisin Gambrinus mais aussi les brasseries Domazlice et Karlovy Vary. Ce groupe de Bohême du sud commercialise ainsi par exemple les marques Platan, Regent et Samson.

PILSNER URQUELL – PLZENSKY PRAZDROJ
PLZEN   FONDÉE EN 1842

On brasse la bière dans la ville bohémienne de Plzen (Pilsen selon l'orthographe allemande) depuis le 13ᵉ siècle, mais cette ville est réellement devenue célèbre à la moitié du 19ᵉ siècle alors qu'une des brasseries locales a abandonné les ales à fermentation haute, dont le succès était mitigé, au profit de bières à fermentation basse qui faisaient alors leur apparition. La brasserie a engagé un maître brasseur bavarois, grâce auquel l'entreprise a

pu commercialisé la première pale-ale en 1842 en utilisant le malt clair produit en Bohême, le célèbre houblon de Saaz et l'eau de la ville de bonne qualité. **Pilsner Urquell**, dont le nom signifie «pilsner de source originale», reste un des classiques de ce style : couleur dorée pâle, claire comme du cristal, mousse blanche et épaisse, arômes développés de houblon, amertume compensée par la saveur légèrement sucrée du malt et arrière-goût légèrement sec. La brasserie Pilsner Urquell a modernisé ses installations ces dernières années et a remplacé les traditionnels tonneaux de fermentation ouverts en chêne par des fermenteurs clos de forme conique.

BRANIK BRAUEREI
PRAGUE   FONDÉE EN 1898

Elle a été créée par plusieurs aubergistes de Prague mais appartient aujourd'hui à Prager Brauereigruppe qui possède également le groupe Bass. La brasserie et la malterie sont deux beaux bâtiments traditionnels situés au sud de la ville. Les installations techniques ont été modernisées, de sorte que la brasserie ne produit plus une lager sombre et forte mais une lager plus claire et sucrée, la **Special**, ainsi qu'une **Dunkel** plutôt légère.

BUDWEISER BUDVARCESKE
BUDEJOVICE   FONDÉE EN 1895

En dépit de son exclusion du marché américain en raison d'un litige l'opposant à Anheuser-Busch au sujet du nom de marque, Budweiser Budvar est une brasserie en pleine expansion. Initialement, le nom de Budweiser renvoyait systématiquement aux bières produites dans la ville de Budweis (orthographe allemande). Le produit phare du fabricant, la **Budweiser Budvar**, produite de façon traditionnelle, est un bon exemple de bière tchèque avec son goût léger de malt et sa couleur à la fois dorée et cuivrée. Cette bière est désormais exportée vers les États-Unis sous le nom de **Crystal Lager**.

GAMBRINUS BREWERY
PLZEN   FONDÉE EN 1869

Malgré l'ombre que lui fait la grande brasserie Pilsner Urquell dont la renommée n'est plus à faire, Gambrinus brasse des bières de qualité dans le bâtiment voisin. **Gambrinus 12** est une bière dorée au goût léger de houblon, fidèle à la tradition locale.

PIVOVAR HEROLD
BREZNICE   FONDÉE EN 1720

Le gouvernement communiste avait ordonné la fermeture de l'établissement en 1988, mais il a rouvert ses portes en 1990 après la Révolution de Velours. Herold brasse aujourd'hui deux bières claires, **Pale 10** et **Pale 12**, ainsi qu'une bière brune, **Dark 13**, et une blanche au goût âpre, **Herold Wheat**.

KRUSOVICE BRAUEREI
PRAGUE   FONDÉE EN 1581

Binding a repris cette brasserie historique située à l'ouest de Prague en 1994. Depuis la modernisation des installations, toutes les bières sont vendues sous le nom de **König Rudolph II**.

PIVOVAR OLOMOUC
OLOMOUC   FONDÉE EN **1896**

Olomouc utilise ses propres malts et de l'eau de puits pour produire d'une part des bières traditionnelles non filtrées et d'autre part des bières pour le compte de sociétés américaines. Ainsi **Granat 12** est une rousse généreuse et profonde tandis que **Holan 10** et **Vaclav 12** sont des bières claires standard, la deuxième étant tout de même particulièrement riche en houblon.

PIVOVAR OSTRAVA
OSTRAVA   FONDÉE EN **1897**

Cette brasserie a également été rachetée par Bass. Dans le nouveau bâtiment construit pendant l'époque communiste sont produites, outre la célèbre **Stamopramen 10**, trois pils houblonnées et claires : la **Ponik**, la **Konik** et la **Ondras**.

PIVOVAR RADEGAST
NOSOVICE   FONDÉE EN **1970**

Radegast a connu une expansion rapide depuis sa privatisation au début des années 90 au point de devenir l'une des trois principales brasseries de la République Tchèque. Elle propose des bières telles que **Radegast Premium Light** et **Radegast Premium Dark**.

PIVOVAR REGENT
TREBON   FONDÉE EN **1379**

Cette brasserie traditionnelle est l'une des plus anciennes du pays. **Regent Black** est une bière brune corsée aux saveurs de réglisse grillée et de café. La populaire **Bohemia Regent** est en revanche une bière cuivrée.

BRAUEREI SIMON
BUDWEIS   FONDÉE EN **1795**

Cette brasserie mérite d'être citée ne serait-ce que pour le fait que Adolphus Busch aurait décidé de nommer sa bière américaine **Budweiser** après avoir goûté une bière de la brasserie Simon.

STAROPRAMEN BREWERY
PRAGUE   FONDÉE EN **1869**

Cette grande brasserie de Prague utilise encore d'anciens tonneaux ouverts de fermentation et des cuves traditionnelles pour la fabrication de ses bières, parmi lesquelles on distingue la **Staropramen** 🍺 🍺, dorée et savoureuse, et la **Staropramen Dark** 🍺, une version à la couleur plus foncée.

U FLEKU
PRAGUE   FONDÉE EN **1499**

Cette brasserie qui se réclame la plus ancienne du monde fait des bières traditionnelles dans ses locaux historiques, telles que la riche et foncée **Flekovsky Lezek** 🍺 🍺.

PIVOVAR VELKE POPOVICE
VELKE POPOVICE   FONDÉE EN **1874**

Cette brasserie dont l'origine remonte au 16e siècle a connu un essor rapide à la suite de sa privatisation au début des années 90. Elle commercialise ses produits sous la marque Kozel : **Kozel Pale**, **Kozel**

Dark, **Kozel Premium Lager** et **Kozel Special Dark Beer**. Précisons que les deux dernières ont un goût de malt plus prononcé et sont légèrement plus alcoolisées.

ZLATÝ BAZANT
HURBANOVO   FONDÉE EN 1967

Cette brasserie slovaque, qui est une filiale du groupe hollandais Heineken, est très populaire dans son pays encore jeune, notamment pour ses lagers dorées.

AUTRES BRASSERIES TCHÈQUES

PIVOVARY BRANIK, Prague

PIVOVAR DOMAZLICE, Domazlice

PIVOVAR KARLOVY VARY, Karlovy Vary : Karel IV, Karel Svelte

PIVOVARY KRUSOVICE, Krusovice

LOBKOWICZ PIVOVAR, Chlumec

PIVOVAR NACHOD, Nachod : Primator

PIVOVAR PLATAN, Protivin : Platan Premium 12, Platan Dark 10

PIVOVAR SAMSON, Ceske Budejovice : Crystal Pale 12, Zamec Pale 11
     (Diplomat Dark)

PIVOVARY STAROBRNO, Brno

PIVOVAR ZATEC, Zatec : Chmelar, Lucan

AUTRES BRASSERIES SLOVAQUES

PIVOVARE KOSICE, Kosice : Cassovar 🍺 🍺

PIVOVARE MARTIN, Martin : Martinksy, Martin Porter

EUROPE DE L'EST ET PAYS BALTES

L a tradition du brassage de la bière n'est pas aussi solidement ancrée dans l'est de l'Europe que dans la partie ouest car les alcools forts et les spiritueux y remportent depuis longtemps la préférence des consommateurs. Mais l'influence exercée par l'Allemagne dans des pays tels que la Pologne et la Hongrie n'est pas restée sans effet et les bières produites dans la majorité des pays de l'est sont par conséquent de style allemand ou tchèque. Dans les pays baltes en revanche, on identifie une influence anglaise avec notamment le grand nombre de porters qui y sont produits. Les conditions économiques de ces pays poussent souvent les fabricants à utiliser du seigle, du maïs ou d'autres céréales produites localement comme compléments.

Pendant l'ère communiste, les brasseries des pays de l'est étaient dirigées par l'État. Mais depuis la chute de l'Union soviétique, beaucoup de ces établissements sont passés aux mains de sociétés étrangères. Ainsi Belgium

Interbrew possède des brasseries hongroises, bulgares, roumaines et polonaises, Dutch Heineken détient des parts importantes dans l'une des plus grandes brasseries polonaises et Baltic Beverages Holding, une grande société holding scandinave, a passé des accords avec d'importantes brasseries de Lettonie, d'Estonie, de Lituanie et de Russie. En Pologne, pays dans lequel ont été créées de nombreuses brasseries, Elbrewery est née de la fusion de Elblag et Hevelius, grâce à des capitaux australiens et en association avec Grolsch. Un certain nombre de microbrasseries ont par ailleurs vu le jour, notamment en Hongrie.

Saku Olletehas Brewery
Tallinn, Estonie   Fondée en 1820

Cette brasserie qui produit des bières brunes en plus des traditionnelles blondes appartient aujourd'hui au Baltic Beverages Holding. **Saku Pilsner** et **Saku Original** sont les plus claires d'entre elles, tandis que **Saku Porter** et **Tume** sont des brunes de qualité supérieure.

Kobanyai Sorgyar
Budapest, Hongrie   Fondée en 1854

Les installations sont situées sur les collines qui entourent Budapest de façon à profiter de la fraîcheur qui règne dans les caves en hauteur. Kobanyai a été racheté par Anton Dreher en 1862. La famille de ce dernier a ensuite étendu l'activité de la brasserie en la faisant fusionner avec d'autres producteurs locaux à l'aube de la Seconde Guerre mondiale. Puis après la guerre, tout lien avec le nom germanique de Dreher a été supprimé, bien que le gouvernement hongrois ait poursuivi la production de bières dans les mêmes installations. Dreher est revenu en grâce dans les années 1990, y compris en ce qui concerne ses recettes, au cours du processus de privatisation. Plusieurs marques portent aujourd'hui ce nom : **Dreher Pils**, amère et houblonnée à la façon d'une pilsner traditionnelle, **Dreher Export**, plus corsée et plus foncée de couleur, ou encore **Dreher Bak**, bière brune à la saveur torréfiée. L'entreprise a été achetée en 1993 par South African Breweries et demeure la première brasserie de Hongrie.

Elblagu Browar
Elblag, Pologne
Fondée en 1872

Elblag fait partie de Elbrewery (EB), le plus grand groupe producteur de bière de Pologne. Son emblème, la **EB Special Pils**, est une bière claire de couleur paille.

Brauerei Lech
Poznán
Fondée en 1951

Cette brasserie qui compte parmi les plus grandes de son pays a bien géré la privatisation de 1993. Ses lagers **Lech Pils** et **Lech Premium** rencontrent un beau succès, de même que la **Lech Porter**, une bière spéciale brun cerise.

ALDARIS BREWERY
RIGA, LETTONIE   FONDÉE EN 1937

Tout a commencé sous l'impulsion d'un maître brasseur bavarois qui a fondé la brasserie Waldschlösschen dans les environs de Riga en 1865. Au tournant du siècle, elle exportait déjà cinq marques dans la région baltique et en Russie. Puis en 1937, le gouvernement l'a transformée et rebaptisée Aldaris. Pendant l'ère soviétique, elle a tenu sa place de leader dans ce vaste pays et à la chute de l'Union soviétique, elle est entrée dans le Baltic Beverages Holding. Aujourd'hui elle produit six marques de bières. **Aldara Pilzenes** est une bière claire et houblonnée et **Aldara Zelta** une bière à la fois plus forte et plus onctueuse. Aldaris produit aussi **Aldara Porter**, une brune, ainsi que des bières ambrées telles que **Aldara Lukusa**, **Aldara Baltijas** et **Aldara Latvijas**.

OKOCIM BROWAR
OKOCIM, POLOGNE   FONDÉE EN 1845

La brasserie ancienne d'Okocim, créée par un Autrichien à la frontière tchèque et désormais la propriété du géant allemand Bräu and Brunnen, conserve des liens avec les traditions européennes classiques de brassage de la bière. Elle produit l'**Okocim Premium Pils**, claire et houblonnée dans le style hongrois, et l'**Okocim Porter**, forte et très brune.

TYSKIE BROWAR
TYCHY, POLOGNE   FONDÉE EN 1629

L'activité de brassage de la bière à Tychy remonte au 17e siècle. Le troisième producteur du pays propose des bières telles que **Gronie**, qui représente plus des trois-quarts de la production, **Karmen la Bella** et **Mocne**.

ZYWIEC BROWAR
ZYWIEC, POLOGNE   FONDÉE EN 1856

Non loin de la ville de Cracovie, Zywiec produit la bière polonaise la plus exportée à l'étranger. Cette brasserie était initialement la propriété de la Cour Royale des Habsbourg puis a connu une expansion internationale sous contrôle gouvernemental pendant le régime communiste. Depuis la disparition du rideau de fer, elle a modernisé ses installations et est en partie entre les mains du néerlandais Heineken. Elle occupe ainsi la deuxième place sur le marché national. Les principales bières sont claires, de style pilsner – c'est par exemple le cas de **Zywiec Full Light** – mais elle en produit également des plus corsées. Ainsi **Zywiec Porter** 🍺 🍺 est un porter roux et onctueux avec un soupçon d'arôme de café et **Eurospecjal** une blonde dorée plutôt forte.

BALTIKA BREWERY
ST. PÉTERSBOURG, RUSSIE   FONDÉE EN 1978

Depuis qu'elle a rejoint le Baltic Beverages Holding, Baltika est devenue la première brasserie de Saint-Pétersbourg. Ses bières **Classic** et **Original** sont des blondes houblonnées standard, la deuxième étant toutefois un peu plus foncée de couleur. La maison produit également un porter.

AUTRES BRASSERIES BALTES

KALNAPILIS, Panavezys, Lituanie

RAGUTUS, Kaunas, Lituanie

123

AUTRES BRASSERIES BULGARES

Bulgarska Pivo, Sofia
Zagorka Brauerei, Stara Zagora

AUTRES BRASSERIES HONGROISES

Borsodi Sorgyar, Bocs : Borsod Premium
Kanizsai Sorgyar, Nagykanizsa
Komaromi Sorgyar, Komaron : Talleros
Soproni Sorgyar, Sopron

AUTRES BRASSERIES POLONAISES

Bialystoku Browar, Bialystok : Dojlidy
Bydgoszczki Browar, Bydgoszcz
Helvelius Browar, Gdansk
Poznani Browar, Poznan : Lech Premium, Lech Porter
Warszawski Borwar, Varsovie : Warszawski Porter

AUTRES BRASSERIES RUSSES ET UKRAINIENNES

Moscovskoye Brauerei, Moscou
Obolon Brauerei, Kiev
Zhigulevskoye Brauerei, Moscou : Zhigulevskoye Lager

SCANDINAVIE

À l'exception du Danemark, la consommation d'alcool dans les pays scandinaves était (et est toujours) mal considérée, ce qui a freiné le développement d'une industrie nationale de brassage de la bière. Aujourd'hui, les marchés suédois, norvégiens et finnois sont dominés par quelques grandes brasseries. Trois des plus influentes – Pripps en Suède, Ringnes en Norvège et Hartwall en Finlande – ont fusionné pour former la Baltic Beverages Holding. Cette BBH possède une large part de marché en Scandinavie mais détient également des participations dans des entreprises des pays baltes, de Russie et d'Ukraine.

Les bières de Scandinavie sont essentiellement des lagers blondes d'inspiration allemande ou tchèque. Mais il existe aussi une véritable tradition de lagers sombres, de style bock ou dunkel munichoise. On identifie une influence britannique patente dans certaines bières de la région, mais il s'agit pour la majorité de versions de fermentation basse.

DANEMARK

Les Danois sont parmi les premiers en Europe pour ce qui est de la consommation de bière par habitant – peut-être en raison de leur proximité avec l'Allemagne. Par ailleurs le rôle essentiel joué par la brasserie Carlsberg en matière de recherche sur les levures et de création du style lager confère au pays une grande importance historique. Carlsberg et Tuborg ont longtemps été les deux plus grands producteurs danois et en 1970, ils se sont unis pour former United Breweries. Ce groupe détient aujourd'hui

trois quarts du marché national. Carlsberg est également un bon facteur d'expansion international, surtout depuis les accords passés avec le groupe britannique Tetley. Les brasseries Carlsberg et Tuborg orientent leur production essentiellement vers les lagers de type pils, mais elles brassent aussi des lagers sombres et même des porters et des stouts.

Les brasseries Ceres, Faxe et Thor constituent le deuxième plus grand groupe de ce secteur au Danemark.

CARLSBERG BREWERY
COPENHAGUE   FONDÉE EN 1847

Carlsberg compte parmi les plus grandes brasseries du monde et a inscrit son nom pour l'éternité dans les annales de l'industrie de la bière en isolant une culture pure de levures destinées à la fermentation basse *(Saccharomyces carlsbergensis)*. Elles permettent de brasser de plus grands volumes de lagers et assurent une qualité constante de la production. Carlsberg s'est lancé très tôt dans l'exportation de ses lagers claires et douces et s'est ouvert rapidement les portes du marché international. Aujourd'hui plus de 85 % de ses ventes sont destinées à l'étranger et des dizaines de pays brassent ses bières dans le cadre d'un contrat de licence. La **Carlsberg Pilsner** (également commercialisée sous le nom de Hof) est le produit standard de la marque. Parmi les autres, citons la **Elephant Beer** 🍺, plus sombre et plus forte, qui correspond à une bock dotée d'une saveur maltée sucrée, des brunes telles que la **Special Dark Lager** 🍺 🍺 et la **Porter Imperial Stout** 🍺 🍺, et enfin la **Carlsberg Let**, une bière légère.

BRYGGERI ALBANI
ODENSE   FONDÉE EN 1859

La plus connue de ses bières est la **Giraf**, une lager forte et dorée. Mais Albani produit aussi la **Albani Porter** 🍺, sombre et maltée, et la traditionnelle **Albani Pilsner**. Des bières de saison viennent compléter cette offre au moment de Noël et de Pâques.

CERES BRYGGERIERNE
AARHUS   FONDÉE EN 1865

Ceres est spécialisée dans les bières fortes d'influence britannique, telles que la **Ceres Porter** et la **Ceres Stowt** 🍺. La **Ceres Royal Export** et la **Dansk Dortmunder** sont quant à elles de tradition plutôt allemande. Enfin la **Bering** est un mélange de lager et de stout.

TUBORG BREWERY
COPENHAGUE   FONDÉE EN 1873

Tuborg peut se prévaloir d'une tradition de brassage impressionnante qui remonte à plus d'un siècle. Ses bières ressemblent à celles de Carlsberg mais sont plus houblonnées et plus sèches. La **Tuborg Beer** – également appelée **Tuborg Grøn** en raison de son étiquette de couleur verte – est la pils standard, qui s'accompagne de la **Tuborg Porter** et de la **Tuborg Gold**.

HARBOE BRAUEREI
SKAELSKOR   FONDÉE EN 1883

Cette brasserie familiale est connue à l'étranger pour sa bière forte **Bjørne Bryg**, même si c'est la **Silver Pilsner** qui correspond à sa meilleure vente. À ses débuts, elle produisait la bière sans alcool **Hvidtol**; aujourd'hui encore, elle est la seule brasserie danoise à brasser des bières maltées sans alcool.

AUTRES BRASSERIES DANOISES

FAXE BRYGGERI, Fakse : Faxe Premium, Faxe Pils

THOR BRYGGERIERNE, Aarhus : Buur Beer

WILBROE BRYGGERI, Elsinore

FINLANDE

Des dispositions réglementaires et fiscales – en partie imposées par des lobbys anti-alcool - ont limité le brassage de la bière en Finlande pendant des siècles. Aujourd'hui, cela n'empêche pas le pays de produire des blondes classiques, mais aussi des lagers très riches en arôme ainsi que quelques ales. Sinebrychoff et Hartwall contrôlent la majeure partie de cette industrie et Hartwall n'est autre que le pilier finlandais du conglomérat Baltic Beverages Holding. Pourtant, le nombre de micro-brasseries ne cesse d'augmenter.

La bière de ferme tradi-tionnelle connue sous le nom de Sahti, brassée avec du seigle et de la levure et sou-vent épicée avec du genièvre ou d'autres arômes, est tou-jours une des boissons préfé-rées des Finlandais. Plusieurs brasseries commerciales en produisent aussi, comme Lammin Sahti par exemple.

SINEBRYCHOFF BREWERY
KERAVA
FONDÉE EN 1819

Fondée par un commerçant russe, cette brasserie est la plus ancienne et la plus grande du pays. Elle a récemment déménagé d'Helsinki mais continue de brasser des bières innovantes sous la marque Koff. La **Koff Export Beer** est par exemple une lager de type pils, dont il existe aussi une version plus forte vendue sous le nom de **Koff Extra Strong**. Depuis ses débuts, Sinebrychoff produit une porter de fermentation haute, la **Koff Porter**  , qui reste un classique du genre, même si elle mérite d'être classée parmi les stouts. Elle est dense et presque noire et dégage de puissants arômes de malt grillé. Cette brasserie produit aussi la **Jouloulot** , une brune généreuse, et la **Brewmaster's Brown**. Par des chemins détournés, elle fait référence à ses origines russes avec sa nouvelle lager baptisée **Leningrad Cowboy**.

HARTWALL BREWERY
HELSINKI
FONDÉE EN **1873**

Dans ses diverses brasseries réparties sur tout le territoire, Hartwall produit une lager claire, la **Lapin Kulta** (qui se traduit par l'Or de Laponie, nom donné d'après une mine d'or locale), ainsi qu'une bière blanche de style allemand, la **Weizenfest**.

AUTRES BRASSERIES FINOISES

OLVI BREWERY, Iisalmi

MALLASJUOMA, Lahti

NORVÈGE

Il n'existe pas d'industrie de la bière organisée en tant que telle en Norvège du fait de la réglementation et de la taxation imposée par le gouvernement. Les entreprises qui brassent de la bière en Norvège n'ont qu'une envergure locale. Bien que l'imposition s'alourdisse avec le degré d'alcool, ce sont les bières les plus fortes telles que les bières de saison, les bocks ou les lagers brunes (connue en tant que Bayer) qui remportent la préférence des consommateurs.

AASS BRYGGERI
DRAMMEN
FONDÉE EN **1834**

Il s'agit de la plus ancienne brasserie de Norvège. La petite ville portuaire de Drammen située au sud d'Oslo abrite une corporation de la bière qui rassemble des centaines de membres. Elle produit une dizaine de variétés de bières, dont une bock scandinave remarquable : la **Aass Bock** est une bière crémeuse d'un brun foncé cuivré qui possède de riches arômes de malt. La **Jules Ø1** considérée comme l'«ale de Noël», est une lager rousse de style viennois, effectivement brassée au moment de Noël. La **Aass Amber** lui ressemble. La palette de cette brasserie comprend aussi la **Bayer**, une lager sombre de style bavarois, et la **Pilsner** dont la saveur et le bouquet trahissent le houblon tchèque avec lequel elle est faite.

127

Hansa Bryggeri
Bergen
Fondée en 1890

Cette grande brasserie indépendante produit une bière au genièvre mais aussi des lagers standard tels que la **Hansa Premium Pilsner**, la **Hansa Bayer** et la **Hansa Export Ø1**.

Mack Ølbryggeri
Troms⁻
Fondée en 1977

Cette brasserie, qui est la plus septentrionale du pays, produit des lagers d'influence bavaroise : **Mack Arctic Pils** (dorée), **Mack Bayer** (sombre) et **Mack Polar Beer** (ambrée).

Ringnes Bryggeri
Oslo
Fondée en 1877

Ringnes rassemble en fait plusieurs brasseries et constitue le plus grand groupe de ce secteur en Norvège. Elle brasse des bières sèches, dont notamment la **Ringnes Pilsner Beer**, mais aussi la **Special Bock**, la puissante **Ringnes Export**, la bière de saison **Christmas Ale** (ou **Jule Ø1**), la **Frydenlund Pilsner**, la **Dahl's Pils** et même des bières commercialisées sous les marques **Lysholmer** et **Schous**.

Autres brasseries norvégiennes

Akershus Bryggeri, Oslo

Mikrobryggeri, Oslo

Suède

L'industrie suédoise de la bière est également soumise à des règlementations très restrictives, mais le nombre de brasseries est en augmentation, grâce notamment à l'adhésion de la Suède à l'Union Européenne. Il existe une grande variété de bières fortes et riches en arôme, même si les lagers claires conservent la préférence des consommateurs.

Pripps Bryggeri
Stockholm
Fondée en 1828

La plus grande brasserie de Suède est originaire de Göteborg et a fusionné dans les années 60 avec son principal rival : Stockholm Breweries. Entretemps, Pripps s'est étendu dans toute la Scandinavie et en Europe du Nord, grâce notamment à son entrée dans la Baltic Beverages Holding et aux liens qu'elle a pu y tisser avec des brasseries finnoises et norvégiennes. Les relations qu'elle entretient par ailleurs avec Carnegie, brasserie écossaise fondée au 19ᵉ siècle, apparaissent dans l'une de ses principales bières, la **Carnegie Porter** 🍺 🍺 🍺, qui est une porter de fermentation haute généreuse à la saveur épicée grillée. Mais le produit-phare de la brasserie est la **Pripps Bla** (qui veut dire bleue), qui est en tête des ventes en Suède. Il en existe plusieurs versions plus ou moins alcoolisées (jusqu'à l'**Extra Strong**). La bière de saison de style märzen **Julöl** 🍺 🍺 n'est vendue qu'en quantités limitées.

Spendrups Bryggeri
Stockholm
Fondée en 1859

Spendrups est l'une des rares brasseries qui soient restées indépendantes en Suède. Elle brasse des lagers riches en malt de type pils ainsi que la **Old Gold** 🍺 🍺, sèche et houblonnée, la **Spendrups Original** ou encore la **Norrlands Gold**.

Autres brasseries suédoises

Abro Bryggeri, Vimmerby : Abro Guld
Falken Bryggeri, Falkenberg : Bayerskt, Export, Julöl 🍺

Islande

Toute production de bière, même des plus faiblement alcoolisées, est restée interdite pendant plus de sept siècles en Islande ; l'interdiction n'a été levée qu'à la fin des années 80. Mais les lagers produites dans cet état insulaire restent très claires et très légères. Parmi les brasseries, qui sont peu nombreuses, les plus significatives sont Egill Skallagrimsson à Reykjavik et Viking Brugg à Akureyri.

EUROPE DU SUD

Les pays d'Europe du Sud sont plus connus pour leurs vins que pour leurs bières, même si l'Espagne par exemple peut se targuer de posséder un grand nombre de brasseries traditionnelles. Dans ces chaudes latitudes, les bières sont surtout légères et rafraîchissantes, d'inspiration allemande ; certaines brasseries portugaises ou italiennes s'aventurent toutefois dans le domaine des märzen et des bocks sombres. À Malte, il existe même une brasserie de qualité qui produit des bières anglaises. Les pays du sud sont, comme ceux du nord, dominés par quelques brasseries vraiment peu nombreuses : au Portugal, Central de Cervejas et Unicer se partagent la quasi totalité du marché, en Italie, Moretti et Peroni produisent les trois quarts de la consommation nationale et en Espagne, quatre ou cinq brasseries indépendantes contrôlent la situation. Par ailleurs, des conglomérats internationaux tels que Interbrew, Heineken ou Carlsberg s'approvisionnent de plus en plus dans les brasseries locales de cette région d'Europe. Quant à la Grèce et à la Turquie, elles possèdent une industrie très limitée qui est majoritairement sous contrôle étranger.

BIRRA MORETTI
UDINE, ITALIE   FONDÉE EN 1859

Même si elle n'est plus la petite brasserie familiale qu'elle fut – elle appartient aujourd'hui au géant international Heineken – elle produit toujours des bières de style allemand de qualité. L'homme moustachu qui orne ses étiquettes est un classique immuable. Cette brasserie du nord-est de l'Italie propose une lager légèrement houblonnée et rafraîchissante qui répond au nom simple de **Birra Moretti**, une lager riche en arôme, très maltée mais bien houblonnée, la **Sans Souci**🍺 (dans le style des bières de Dortmund), une bière sombre et pur malt, la **Bruna**🍺 🍺, une lager brun cuivré et maltée de style bavarois, la **Rossa**🍺 🍺, qui ressemble à une märzen mais qui tend davantage vers une doppelbock du point de vue de sa teneur en alcool (7,5 % vol.), et enfin une lager dorée et maltée, la **Baffo d'Oro** (le « Moustachu d'Or », en hommage au symbole de la brasserie qui figure sur les étiquettes).

BRAUEREI DREHER
TRIESTE   FONDÉE EN **1860**

Le talentueux brasseur Anton Dreher a fondé cette « filiale » de l'autre côté des Alpes, dans la ville de Trieste, alors qu'elle relevait encore de la monarchie des Habsbourg. Depuis, les choses ont changé : Trieste appartient à l'Italie et Dreher à Heineken. Elle produit des lagers claires traditionnelles mais aussi une ale rousse, la **McFarland**, et la **Splügen Fumée**.

CENTRAL DE CERVEJAS
LISBONNE, PORTUGAL
FONDÉE EN **1934**

Les racines de cette brasserie remonte aux années 1880, mais le groupe lui-même – qui est le plus grand du pays – n'a été fondé que dans les années 30 lorsqu'un grand nombre des brasseries de Lisbonne a choisi de s'unir. Il existe deux versions de la marque principale Sagres : la **Sagres Golden**, blonde pâle et houblonnée, et la **Sagres Dark**, brun foncé et très maltée dans le style d'une **Münchner Dunkel**. Centralcer, comme cette brasserie est communément appelée, produit également l'**Europa Beer,** une bière blonde-ambrée qui ressemble à une pils maltée, la **Topazio**, de couleur dorée, l'**Onix** et l'**Imperial**.

EL AGUILA
MADRID, ESPAGNE   FONDÉE EN **1902**

Cette brasserie qui a longtemps été la plus grande du pays et qui appartient désormais à Heineken produit des lagers dorées et légères telles que la **Aguila Pilsner** et la **Aguila Reserve**.

DAMM
BARCELONE, ESPAGNE   FONDÉE EN **1876**

Elle a été fondée par un brasseur alsacien du nom de Damm, ce dont témoignent ses lagers de style allemand telles que la märzen **Voll Damm** ▶ et la **Bock Damm**, plus foncée. L'**Estrella Damm** rappelle les pils mais est un peu plus forte.

BIRRA PERONI
MILAN, ITALIE   FONDÉE EN **1846**

Peroni occupe une place importante sur le marché italien avec ses bières de qualité, notamment des lagers claires et légères. La **Nastro Azzuro** est savoureuse, la **Birra Peroni** est une pils sèche et houblonnée et la **Raffo Pilsner** une bière amère. Par ailleurs, cette brasserie commercialise des spécialités qui ne font pas partie de la gamme standard.

Birra Poretti
Varese, Italie FONDÉE EN 1877

Cette brasserie située à proximité de Milan et qui appartient désormais au groupe Carlsberg commercialise la lager **Poretti Oro** et une palette de spécialités, parmi lesquelles la **Splügen Bock** et la **Splügen Dry**.

San Miguel
Lerida, Espagne FONDÉE EN 1954

Fondée par une entreprise philippine du même nom, cette brasserie fait aujourd'hui partie du groupe français Kronenbourg. Elle propose des lagers telles que la **San Miguel Pale Pilsner**.

Simonds-Farsons-Cisk Brewery
Mriehel, Malte FONDÉE EN 1889

Depuis que l'Angleterre l'a utilisée comme base maritime, la petite nation insulaire de Malte compte une brasserie qui produit des bières de style anglais classique, allant même jusqu'à importer du malt, du houblon et des levures britanniques. Farsons 🍺 🍺 – nom généralement employé pour désigner cette brasserie – produit la **Lacto Milk Stout**, faite avec du lactose, qui dégage un mélange généreux d'arômes de sucre, de chocolat et de fumé. La **Blue Label** est une mild ale tandis que la **Hop Leaf** et la **Brewer's Choice** sont des ales claires. La brasserie commercialise également une lager sous la marque Cisk.

La Zaragozana
Saragosse, Espagne FONDÉE EN 1900

Cette brasserie traditionnelle indépendante produit des bières aromatiques de fermentation basse. L'**Ambar** et l'**Export**, plutôt fortes, sont ses produits-phares.

Brasseries grecques et turques

Athenian Brewery, Athènes

Keo Brauerei, Lemesos (Chypre)

Efes Pilsen Breweries, Istanbul

Autres brasseries italiennes

Birra Dreher, Milan : Dreher Export, Dreher Pilsner

Birra Forst, Lagundo

Birra Wührer, Brescia

Wunster, Bergame

Autres brasseries portugaises

Empresa de Cerveja de Madeira, Madère : Coral

Unicer-Uniao Cervejeira, S. Mamede de Infesta : Cristal, Super Bock

Autres brasseries espagnoles

Cervezas Alhambra, Grenade

La Cruz del Campo, Séville

Mahou, Madrid

ASIE

La première boisson brassée à base d'orge a été introduite en Asie au milieu du 19e siècle par les marchands et colons européens, comme dans la plupart des pays non européens. Naturellement, les peuples asiatiques produisaient et consommaient une boisson brassée à base de céréales depuis des milliers d'années lorsque les premières ales et lager sont apparues en Extrême-Orient. Le saké, brassé avec des grains de riz, est d'un point de vue technique, une sorte de bière. D'autres boissons traditionnelles fermentées dans des régions comme l'Asie du Sud-Est sont faites à partir de sève de coco, de pomme de terre douce et de légumes. Bien que les pays islamistes du sud-ouest de l'Asie ne produisent pas de bière pour leur consommation car la religion musulmane leur interdit de boire de l'alcool, certaines brasseries sont implantées dans la région à des fins d'exportation.

Au début des années 1850, les voyageurs occidentaux, essentiellement originaires d'Allemagne, d'Angleterre et des États-Unis, ont emporté avec eux la technologie et le matériel nécessaires pour approvisionner les marchands, les troupes et les colons en boissons brassées dans le style traditionnel de leur pays d'origine.

Certaines des plus grandes brasseries asiatiques, comme Kirin au Japon et Tsingtoa (Qingdao) en Chine ont été créées par des Occidentaux, et n'ont été achetées que plus tard par les gouvernements. Plus d'un siècle plus tard, cette influence européenne se retrouve dans les bières brassées en Asie. Les pils sont les plus courantes, mais certaines brasseries produisent également de la stout. En outre, les Japonais brassent beaucoup de bières dans le style allemand, comme la altbier et la bière noire (schwarzbier). Le Japon a connu de grandes innovations ces dernières années avec l'ouverture du marché aux micro-brasseries et aux pubs brassant leur propre bière.

JAPON

La première brasserie japonaise, ancêtre de la Kirin Brewery, a été fondée par un Américain en 1870. À peu près à la même époque, le gouvernement japonais a commencé la construction d'une brasserie à Sapporo, sur l'île d'Hokkaido, s'inspirant des techniques de l'industrie brassicole allemande. Cet établissement de style bavarois a ensuite pris le nom de Sapporo Breweries. À la fin des années 1880, les deux plus grandes brasseries étaient déjà fondées : Osaka Beer Company, qui produit la bière Asahi, et Japan Beer Company, fabricant de la bière Yebisu. En 1906, Sapporo, Osaka et Japan Beer Company ont fusionné pour donner naissance à la Dainippon Brewery Company. Cette société a contrôlé plus de deux tiers du marché jusqu'en 1949, date à laquelle le gouvernement l'a scindée en deux entreprises : Asahi Brewery et Nippon Brewery. Cette dernière a finalement repris le nom de Sapporo. Depuis, la brasserie Kirin est la plus importante du pays.

La consommation de bière a considérablement augmenté dans la période qui a suivi la Seconde Guerre mondiale, bien que l'industrie soit limitée à Kirin, Sapporo, et Asahi jusqu'à ce qu'une quatrième entreprise, la distillerie Suntory, commence à produire elle aussi de la bière en 1960. Jusque dans le milieu des années 1990, les Quatre Grands ont pu conserver leur monopole car la législation interdisait les brasseries qui produisaient moins de 17 000 barils (environ 1,7 million de litres) de bière par an. Toutefois, en 1994, la loi a été modifiée, et bien que certaines restrictions demeurent (taxes élevées par exemple), le Japon a assisté à la révolution des micro-brasseries.

L'industrie brassicole japonaise se caractérise par des processus de haute technologie, qui donnent une bière légère et fine. La plus courante est la bière pils de style américain, mais toutes les grandes brasseries produisent une version de la bière noire allemande. Certaines ont même tenté des bières à base de froment, les altbiers et autres bières foncées. Les bières japonaises contiennent souvent du riz, en plus du malt d'orge, et elles sont généralement plus sèches et plus alcoolisées que leurs équivalents américains. La bière extrêmement sèche, presque insipide, produite à l'origine par Asahi Brewery et connue simplement sous le nom de « Dry Beer », est assez appréciée au Japon. L'ouverture de l'industrie brassicole a permis l'apparition de nouveaux styles de bières.

Asahi Breweries
Tokyo   Fondée en **1889**

Asahi est devenue plus compétitive face aux grandes brasseries Kirin et Sapporo grâce à la sortie de la première bière sèche en 1987. La **Asahi Super Dry**, actuellement l'une des meilleures ventes au Japon, est une bière pratiquement insipide ; la **Z** à fermentation haute est elle aussi une bière très légère. Asahi produit également la **Black Draft Beer** (ou **Kuronama** au Japon) ▯ ▯, plus riche et la **Asahi Stout** ▯ ▯ ▯, une stout anglaise traditionnelle. La bière légère de la gamme Asahi est la **First Lady**.

133

KIRIN BREWERY COMPANY
TOKYO   FONDÉE EN 1870

C'est en 1870 que l'américano-norvégien William Copeland a fondé une brasserie dans les faubourgs de Tokyo. En 1888, cette brasserie a lancé la **Kirin Lager Beer**, qui tire son nom de la créature mi-cheval mi-dragon de la mythologie chinoise présente sur l'étiquette. Au milieu des années 1960, la Kirin Brewery contrôlait plus de 50 % du marché japonais de la bière et aujourd'hui elle dirige au moins une dizaine d'établissements à travers le pays. Kirin est la quatrième brasserie au monde. La **Kirin Beer**, le produit phare, vieillit pendant un ou deux mois, ce qui en fait une boisson plus corsée que de nombreuses autres pils japonaises. La seconde marque, **Kirin Ichiban**, est fabriquée uniquement à partir du moût tiré des premières filtrations dans la cuve-matière, ce qui lui confère un goût malté plus prononcé. Cette brasserie produit également la **Kirin Light**, ainsi que la **Kirin Alt**🍺🍺, en quantité limitée, la **Kirin Stout**🍺🍺 et la **Kirin Black**🍺🍺, une version fumée de la célèbre bière noire.

SAPPORO BREWERIES
TOKYO   FONDÉE EN 1876

Sapporo, la plus ancienne brasserie du Japon, est également la première brasserie dirigée par des Japonais. La **Cold Beer** a été la première bière produite par la Pionners Brewery, fondée par Scibei Nakagawa de retour d'un voyage d'études sur les brasseries en Allemagne. Sapporo a brassé la première lager noire de style allemand en 1892, et la **Sapporo Black Beer**🍺🍺, presque opaque, reste un exemple du genre. Le produit phare, la bière légère appelée **Original Draft Black Label**🍺🍺 au Japon et vendue sous le nom de **Sapporo Draft** à l'étranger, est disponible en boîte argentée de 60 cl ainsi qu'en « Mini Keg » (petit fût) de 2 litres. La **Yebisu Premium**🍺🍺 de style Dortmund est une bière entièrement à base de malt et a par conséquent plus de goût que les autres bières japonaises. Sapporo produit également la **Black Stout Draft**, ainsi que plusieurs bières régionales.

SUNTORY
OSAKA   FONDÉE EN 1899

La plus petite brasserie, et également la dernière venue aux côtés des Quatre Grands du Japon, a débuté comme distillerie de whisky et productrice de vin avant d'entrer dans le domaine de la bière en 1963. Le produit vedette de Suntory est la **Malt's**, une lager claire ambrée entièrement à base de malt. Citons également la **Super Hop's** légère et quelques spécialités telles que la **Suntory Black Beer**, la **Suntory Welzen** et la **Suntory Alt**.

AUTRES BRASSERIES JAPONAISES

CHOJUGURA, Itami

DOPPO, Okayama (partie de la brasserie de saké Miyashita)

GOTENBA KOHGEN BREWERY, Gotenba

KIRISHIMA HIGHLAND BREWERY, Kagoshima-Ken

MOKU MOKU, Nishiyubune

ORION BREWERIES, Okinawa : Orion Lager, Orion Draft

OTARU, Otaru : Otaru Dunkel, Otaru Helles

UEHARA SHUZO COMPANY/ECHIGO, Nishikanbara-Gun

CHINE

L e brassage a été introduit en Chine dans les années 1890, dans la ville portuaire de Tsingtao (aujourd'hui Qingdao) occupée par les Allemands. À l'heure actuelle, la Chine est le second producteur au monde, devant l'Allemagne ; on estime qu'au début du prochain millénaire, elle sera au premier rang. Toutefois, en consommation par habitant, la Chine se situe seulement dans les 20 premiers pays buveurs de bière.

Quelques brasseries étrangères et chinoises ont été créées dans la première moitié du 20e siècle. Lorsque le gouvernement communiste a pris le contrôle, il les a toutes nationalisées et a encouragé la culture du houblon. La majorité des quelque 800 brasseries en Chine ont été construites après 1980. Presque chaque ville a sa brasserie et la production de bière est très localisée en raison des systèmes de transport limités et du montant élevé des taxes régionales. En fait, les lois protectionnistes interdisent souvent les bières ou les ingrédients provenant d'autres régions. La Chine se dirigeant progressivement vers une économie de marché, de plus en plus d'étrangers passent des accords avec des brasseries régionales. La société Anheuser-Busch détient des parts de Tsingtao, et Beck's, Fosters et d'autres compagnies étrangères célèbres investissent dans les brasseries chinoises. Toutefois, les brasseries régionales dirigées par des Chinois remportent la préférence des habitants.

La plupart des bières brassées en Chine sont dans le style lager claire, bien que l'on voit de temps en temps apparaître des bières foncées et même des stouts ou des porters. Les bières chinoises sont généralement fines et ont une teneur en alcool relativement faible. Outre Tsingtao (Qingdao), on trouve d'autres grandes marques, comme la Snowflake Beer, par la Shenyang Brewery, la Five-Star Beer ainsi que la

Double Happiness Guangzhou Beer et Hua Nan Beer par la Guangzhou Brewery. La plupart de ces bières sont rares à l'étranger.

Tsingtao (Qingdao) Brewery
Qingdao   Fondée en 1903

La Tsingtao est la bière la plus vendue en Chine et la plus exportée. La brasserie a été fondée au début du siècle afin d'approvisionner les marchands allemands, ainsi que les troupes vivant en Chine, en bière de style allemand. Le produit phare, la **Tsingtao Beer**, est une lager claire de type pils au houblon, typique des bières chinoises. La société a également produit la **Tsingtao Dark Beer**. Lorsque Anheuser-Busch a acheté des parts de Tsingtao, cette dernière a élargi sa distribution et a également plus mis l'accent sur l'exportation.

Khan Bräu
Oulan-Bator, Mongolie
Fondée en 1996

Cette brasserie mongole a été constituée en joint-venture avec une société allemande. Elle brasse la **Khan Bräun**, une lager du genre pils, selon la loi de la pureté bavaroise de 1516, avec une technologie et un matériel allemands.

Autres brasseries chinoises

Beijing Brewery, Pékin : Tientan Beer

Beijing Shuanghesheng Brewery, Pékin : Five-Star Beer, Nine-Star Premium

Chu Jiang Brewery, Guangzhou : Chu Sing

Guangzhou Brewery, Guangzhou : Double Happiness Guangzhou Beer, Song Hay Double Happiness Beer, Balyun, Hua Nan

Hangzhou Zhongce Brewery, Hangzhou : Emperor's Gold, West Lake

Hong Kong Brewery, Hong Kong : Sun Lik

Shenyang Brewery, Shenyang : Snowflake

Zhujiang Brewery, Zhujiang

Asie du Sud et du Sud-Est

La plupart des brasseries en Asie du Sud et du Sud-Est produisent des lagers légères de style américain ou européen, ainsi que quelques stouts. Cette région compte un grand nombre de brasseries étrangères ou de joint-ventures. À elle seule, l'Inde comprend plus d'une trentaine de brasseries.

Asia Pacific Breweries
Singapour   Fondée en 1931

Autrefois dénommée Malayan Breweries, Asia Pacific Breweries a été constituée en joint-venture par Heineken et une société basée à Singapour. Aujourd'hui, cette grande brasserie régionale compte des dizaines d'établissements et de participations dans toute l'Asie, notamment en Chine, au Laos, au Cambodge et au Vietnam. La brasserie principale de Singapour dispose d'installations à la pointe du progrès. Sa bière la plus connue est la **Tiger Beer**, une bière claire de style pils, brassée pour la première fois en 1932. Le slogan publicitaire de la Tiger Beer classique dans les années 1940 a inspiré le titre du livre de l'auteur britannique Anthony Burgess *Time for a tiger.* La **Tiger Classic Beer** est une légère variante, à base de malt cristallisé qui en fait une bière plus foncée et plus riche. **ABC Extra Stout** 🍺 🍺, une stout forte de style anglais, et **Anchor Beer**, du genre pils au houblon, ont à l'origine été brassées par la Archipegalo Brewing Company qui a fusionné avec Malayan Breweries dans les années 1940. Asia Pacific produit également la **Raffles Light Beer**, une bière peu alcoolisée, et la **Baron's Strong Brew**, beaucoup plus forte en alcool. Cette dernière est fabriquée d'après une ancienne recette européenne du 19ᵉ siècle.

La Fabrica de Cerveza de San Miguel
Manilles, Philippines   Fondée en 1890

À l'époque où les Philippines étaient une colonie espagnole, La Fabrica de Cerveza de San Miguel a obtenu une subvention du gouvernement espagnol pour fabriquer de la bière dans le quartier de San Miguel à Manilles, créant ainsi la première brasserie en Asie du Sud-Est. Située à côté de la résidence officielle du gouverneur, la brasserie San Miguel a ensuite construit d'autres établissements en Espagne, aujourd'hui dirigés par des européens. San Miguel est le plus grand producteur de bière aux Philippines et l'un des plus grands en Asie, avec plus d'une demi-douzaine de brasseries aux Philippines et ailleurs, y compris en Chine, à Hong Kong et au Vietnam. La **Pale Pilsen** originale de San Miguel est une lager légère, mais avec un goût prononcé de malt et de houblon. La **San Miguel Dark** 🍺 de style bavarois est une bière brune aux reflets roux avec une saveur grillée et un arôme légèrement fumé. San Miguel produit également une bière noire, la **Cerveza Negra**, ainsi que la **Super Dry**, l'**Alì-Malt**, la **Gold Eagle**, une lager claire ambrée, et la liqueur de malt **Red Horse**.

Boon Rawd Brewery Company
Bangkok, Thaïlande
Fondée en 1932

À l'instar de nombreuses autres brasseries anciennes en Asie du Sud-Est, la **Boon Rawd** a été créée avec la technologie et le matériel allemands. La **Shingha** 🍺 🍺 est le produit le plus connu de cette brasserie. C'est une lager dorée plus forte en houblon et plus sèche que la plupart des interprétations asiatiques du genre pils. Elle tire son nom d'une créature de la mythologie thaïlandaise à l'aspect de lion qui apparaît sur l'étiquette. Il existe également la **Singha Stout**.

Ceylon Brewerie
Nuwara Eliva, Sri Lanka   Fondée en 1881

La Ceylon Brewery produit une stout de grande qualité, la **Lion Stout** 🍺 🍺 . Cette ale riche est souvent mélangée à une boisson distillée à la noix de coco dans la région des arbres à thé où elle est brassée. Ceylon Brewery produit également une bière en bouteille pour l'exportation ainsi qu'une pils.

Cobra
Bangalore, Inde   Fondée en 1990

La Cobra est brassée en Inde mais uniquement pour l'exportation. La **Cobra Indian Beer** est une lager légère qui a été élaborée spécialement pour approvisionner les restaurants indiens en Angleterre. Elle est toutefois distribuée aujourd'hui dans le reste de l'Europe.

McCallum Breweries
Colombo, Sri Lanka   Fondée en 1962

L'autre version classique de la stout asiatique, la **Sando Stout** brassée par McCallum, est également connue sous le nom de **Three Coins Brewery**. Sando est le nom d'un hongrois à la force herculéenne qui parcourait le pays au 19ᵉ siècle. McCallum brasse également une pils.

Mohan Meakin
New Delhi, Inde   Fondée en 1955

Le principal établissement de Mohan Meakin est la brasserie Solan dans le nord de l'Inde qui produit des lagers indiennes typiques, dont le **Golden Eagle Lager**, la **Lion** et la **Gymkhana Pilsner**.

United Breweries
Bangalore, Inde   Fondée en 1915

Cette société, qui est un conglomérat de 14 établissements indiens, était constituée à l'origine de cinq brasseries du sud de l'Inde, parmi lesquelles Castle Breweries qui fut fondée en 1857 et est ainsi la plus ancienne. La lager **Kingfisher** est le produit phare de United Breweries et la meilleure vente dans tout le pays. Les différentes brasseries produisent également, entre autres, la **Kingfisher Diet**, la **UB Premium Ice Beer** et la **UB Export Lager**, ainsi que la **Kalyani Black Label Premium Strong Beer**, la **Bullet Super Strong** et la **Charger Extra Strong**.

Autres brasseries asiatiques

Asia Brewery, Manilles, Philippines

Chosun Brewery, Séoul, Corée

Hue Brewery, Huc, Vietnam : Hue Beer

Jinro Coors Brewery, Séoul, Corée

Lao Brewery Company, Laos : Lager Beer, Draft Beer

Muree, Rawalpindi, Pakistan : London Lager

Orang Utan Brewery and Pub, Singapour (ses recettes aident à soutenir la vie sauvage en danger)

Oriental Brewing Company, Séoul, Corée : OB Lager, OB Dry

PT Bintang, Tangerang, Indonésie : Bintang Lager

PT Delta, Jakarta, Indonésie

Thai Amarit Brewery, Bangkok, Thaïlande : Amarit Lager

Viet Ha Brewery, Hanoï, Vietnam

Australie et Nouvelle-Zélande

Malgré sa réputation en matière de consommation d'alcool, l'Australie, à l'instar de la Nouvelle-Zélande voisine, a connu d'importants mouvements anti-alcool au milieu du 20e siècle. À cette époque, la législation limitait la consommation en interdisant de boire de l'alcool dans les établissements publics après 18 h. Cette restriction a donné naissance à la pratique de la «soûlerie de 18h», qui consistait pour les clients à boire le plus d'alcool possible avant la fermeture. Ce mouvement a incité les brasseries à se regrouper afin d'unir leurs forces contre cette opposition. Aujourd'hui, dans chaque pays, deux sociétés contrôlent plus de 90 % de l'industrie brassicole, le groupe Lion Nathan ayant une part importante dans chacun d'entre eux – plus de 40 % du marché australien et environ 55 % en Nouvelle-Zélande. Les Dominions Breweries contrôlent près de 40 % du marché néo-zélandais, tandis que le Foster's Brewing Group, constitué des géants Carlton et United Breweries et d'autres entreprises étrangères, représente plus de la moitié du marché en Australie. Inutile de dire que les micro-brasseries doivent lutter pour survivre, ce qui n'empêche par certaines de se développer, notamment en Nouvelle-Zélande. Les grandes brasseries ont toutes une activité dans les autres régions de l'Asie, et comptent également de nombreuses participations.

L'Australie et la Nouvelle-Zélande brassent de la bière depuis l'arrivée des premières colonies britanniques au milieu du 19e siècle, et ce malgré des ressources naturelles limitées et les longues distances nécessaires pour faire venir les matières premières d'Europe. Au début, les ales d'influence britannique prévalaient dans cette région, mais les lagers se sont rapidement imposées. Aujourd'hui, peu de brasseries produisent des ales, et les bières d'appellation «ales» sont souvent des lagers à fermentation basse.

Australie

C'est à Sydney, à la fin du 18e siècle, que la première bière australienne a été brassée. La première brasserie, quant à elle, a été fondée en 1804. Dans les années 1820 et 1830, plusieurs autres brasseries ont produit des ales de style britannique, généralement pour la consommation locale. Mais au fil des décennies, les ales ont été progressivement remplacées par les lagers, en partie parce que les températures élevées dans la grande partie du pays rendaient difficile le brassage des premières, et qu'il était plus aisé de brasser les secondes. Certaines régions australiennes sont de grandes productrices d'orge et de houblon, comme l'île de Tasmanie qui produit une grande partie de la récolte, et qui abrite deux anciennes brasseries, Boag et Cascade. Le houblon Pride of Ringwood domine dans la bière australienne.

Tout au long du 20e siècle, l'industrie brassicole australienne a été caractérisée par des fusions. Carlton et United Breweries est un conglomérat de près d'une dizaine de brasseries autrefois indépendantes, dont plusieurs existent depuis plus d'un siècle. La division australienne du groupe Lion Nathan, constitué de cinq brasseries, est l'épisode le plus récent dans une longue suite de fusions : Castlemaine of Victoria et Perkins of Queensland, deux brasseries qui datent du milieu des années 1800, ont fusionné en 1929; en 1981, Castlemaine Perkins s'est associée à Tooheys Brewery basée à Sydney, et cinq ans plus tard, Castlemaine Tooheys Limited a fusionné avec Swan Brewery pour former la Bond Corporation; après quelques années, cette grande société a commencé à péricliter, et la Lion Nathan est arrivée en 1991 pour ramasser les morceaux. Cette dernière a rapidement ajouté à son empire les brasseries Hahn and South Australian. Coopers Brewery et J. Boag and Son sont les dernières brasseries indépendantes en Australie.

CARLTON AND UNITED BREWERIES
MELBOURNE, VICTORIA   FONDÉE EN 1907

Carlton and United Breweries, la plus grande brasserie australienne aujourd'hui, a débuté son activité sous le nom de Carlton Brewery, fondée à Melbourne en 1864. Les frères américains Foster ont commencé à brasser de la lager à la fin des années 1880. En 1907, Carlton et Foster's ont fusionné, rejoints par Victoria Brewery, pour former Carlton and United Breweries (CUB). Aujourd'hui, la CUB commercialise ses bières sous cinquante marques, dont Carlton, Foster's, Power, Cascade, Matilda Bay et Darwin. À l'origine brassée par Tooth's Kent Brewery, la **Sheaf Stout** 🍺 🍺 est l'une des grandes bières de Carlton and United. Cette stout sèche est brassée à base d'orge grillé et de différentes sortes de malt. Elle est d'un noir opaque et a une saveur de café. La Kent Brewery produit également la **KB Lager** et la **Kent Old Brown Ale** 🍺 🍺, ainsi que la gamme Reschs – **Reschs Pilsner, Reschs DA** (Dinner Ale), **Reschs Draught** et **Reschs Smooth Black Ale**. Matilda Bay Brewing brasse des spécialités telles que la **Redback Original**, une bière à base de froment, la **Redback Light**, la **Redback Hefeweizen**, la **Dogbolter**, une lager foncée et forte, la **Brass Monkey Stout**, la **Iron Brew**, la **Freemantle Bitter** et la **Matilda Bay Bitter**. La **Matilda Bay Pils** et **Matilda Bay Premium**, la **Cascade Premium Lager** 🍺 , la **Cascade Pale Ale**, la **Cascade Stout** 🍺 et la **Cascade Draught** 🍺 sont quant à elles brassées par Cascade Brewery, la plus ancienne brasserie d'Australie fondée en 1824. La Carlton Brewery d'origine produit la **Carlton Crown Lager**, la **Carlton Cold**, la **Carlton Draught** et la **Carlton D-Ale** ou **Diamond Draught**. La Foster's Lager est la première marque au monde. Parmi d'autres bières Foster, citons la **Foster's Light**, la **Foster's Special Bitter** et la **Foster's Ice**. La **Victoria Bitter** est la bière la plus vendue en Australie. Parmi les autres bières de CUB, on distingue la **Melbourne Bitter** et deux stouts d'Abbotsford Brewery : **Abbots Extra Double Stout** et **Abbot Invalid Stout**, une stout crémeuse à fermentation basse.

COOPERS BREWERY
LEABROOKS, AUSTRALIE-MÉRIDIONALE   FONDÉE EN 1862

C'est au début des années 1800 que Thomas Cooper a brassé une ale en s'inspirant d'une ancienne recette familiale anglaise afin de soigner la maladie de sa femme. La vente de son ale au niveau local a marqué les débuts de Coopers Brewery. Plus de 130 ans plus tard, Coopers est la dernière brasserie familiale en Australie. Elle produit son propre malt et utilise la même souche de levure depuis les années 1900. Coopers est également l'une des dernières brasseries australiennes à produire surtout des ales. Le produit phare de cette brasserie est la **Coopers Sparkling Ale** 🍺 🍺 🍺, malgré son aspect très trouble en conditionnement bouteille. Il s'agit d'une pale-ale au goût fruité. La **Cooper Original Pale Ale** est identique à cette dernière mais elle est plus douce, avec des saveurs de houblon. La **Coopers Best Extra Stout** 🍺 🍺 🍺, brassée avec le malt noir grillé de la marque Coopers, est une bière corsée de couleur foncée. Coopers produit également la **Dark Ale** 🍺 🍺 et une gamme d'ales qu'on a laissé vieillir, dont la **Premium Clear Ale**, la **Thomas Cooper Finest Export** et l'**Extra Strong Vintage Ale**, en production limitée. Ses lagers sont la **Coopers Genuine Draught**, la **Coopers Dry Beer** (DB), la **Cooper Light** et la **Birrell Premium**.

J. BOAG & SON BREWING
LAUNCESTON, TASMANIE   FONDÉE EN 1829

Boag Brewing est l'une des plus anciennes brasseries australiennes et l'une des rares indépendantes. Son produit phare est la James **Boag's Premium Lager**. Elle produit également la **Boag's Bitter** 🍺, la **Boag's Draught** et la **Boag's XXX Ale**, toutes riches en houblon.

CASTLEMAINE PERKINS
BRISBANE, QUEENSLAND   FONDÉE EN 1929

Créée en 1859, Castlemaine est la première véritable marque de bière australienne. En 1929, elle s'est associée à Perkins Brewery, fondée en 1866, pour former la Castlemaine Perkins. Cette brasserie produit plusieurs lagers sous la marque XXXX, telles que la **XXXX Bitter** sèche, la **XXXX Light Bitter,** la **XXXX Gold Lager** peu alcoolisée et la **XXXX Draught**. Les autres bières de Castlemaine sont la **DL Lager**, **Castlemaine Extra Dry** et la **Carbine Stout** 🍺, une bière légèrement grillée à fermentation basse.

Hahn Brewing Company
Camperdown, Nlle-Galles du Sud   Fondée en 1988

Cette micro-brasserie située à la périphérie de Sydney produit la **Premium Lager** et la **Premium Light**, la **Sydney Bitter** et les lagers spéciales **Gold**, **Dark Ice** et **Cold Cock Bock**. Elle a été achetée en 1993 par Lion Nathan.

South Australian Brewing Company
Adélaïde, Australie-Méridionale   Fondée en 1888

La South Australian Brewing commercialise trois marques principales, pour la plupart des lagers : la Eagle, dont la **Eagle Blue Ice** et la **Eagle Super**, la West End, qui comprend la **Draught** 🍺, l'**Export**, la **Gold** et la **Light**, ainsi que la **Southwark's Bitter**, la **Premium**, la **Old Black Ale** et la **Old Stout** 🍺, une riche stout de style anglais.

Swan Brewery
Perth, Australie-Occidentale   Fondée en 1857

Cette brasserie détient plus des deux tiers du marché de la bière en Australie-Occidentale. Parmi ses lagers, citons la **Draught**, la **Gold**, l'**Export**, la **Premium**, la **Stout** et la **Special Light**. Sa marque EMU regroupe la **EMU Export**, la **EMU Draft** et la **EMU Bitter** 🍺 au goût de houblon. La gamme 1857 (**1857 Pilsner** et **1857 Bitter**) est également fabriquée par Swan.

Tooheys
Lidcome, Nouvelle-Galles du Sud   Fondée en 1869

Toothey, qui produisait autrefois principalement de l'ale, est passée à la production de lagers dans le milieu des années 1990. Toutefois, elle brasse encore de véritables ales, telle que la **Old Black Ale** 🍺 🍺 ambrée. Ses principales lagers sont la **Tooheys New** (anciennement Tooheys Draught), la **Tooheys Red Bitter**, la **Tooheys Amber Bitter**, la **Tooheys Gold Bitter**, la **Tooheys Extra Dry** et la **Blue Label**, légère et de style viennois.

Autres brasseries australiennes

Eumundi Brewing, Eumundi, Queensland : Eumundi Premium Beer, Eumundi Light

Geelong Brewing Company, Moolap, Victoria : Dingo Bitter, Geelong Bitter, Cook's Export Lager

Grand Ridge Brewing Company, Mirboo North, Victoria : Brewer's Pilsner, Moonshine, Moonlight

Lord Nelson, Sydney, Nouvelle-Galles du Sud (pub brassant sa propre bière) : Victory Bitter Ale, Trafalgar Pale Ale, Old Amiral Ale

Pumphouse Brewery, Sydney, Nouvelle-Galles du Sud : Federation Ale, Bull's Head Bitter

Tankstream Brewing Company, Sydney, Nouvelle-Galles du Sud

Nouvelle-Zélande

On attribue au Capitaine Cook la découverte de la Nouvelle-Zélande pour le compte de la Couronne britannique, mais également le brassage de la première bière du pays dans les années 1770. C'est en effet à cette époque qu'il a brassé une préparation à base d'épicéa et d'arbre à thé mélangé à de la mélasse afin de lutter contre le scorbut. En dépit de ces origines, la Nouvelle-Zélande a une longue tradition anti-alcool. La New Zealand Breweries (aujourd'hui Lion Nathan) créée en 1923 est le résultat d'une décision des dix plus grandes brasseries de fusionner afin de s'opposer à ce mouvement. Elle a ainsi réduit presque la moitié de la production brassicole du pays à une seule entité. Ce regroupement a encouragé la recherche et le développement, dont les résultats ont permis à la Dominion Breweries d'inventer le système de fermentation continue. Dans ce type de fermentation, le moût et la levure ont un débit constant dans plusieurs cuves de fermentation. Bien que Lion Nathan et Dominion Breweries contrôlent à elles seules plus de 90 % du marché de la bière en Nouvelle-Zélande, certaines micro-brasseries et certains pubs brassant leur propre bière parviennent à survivre grâce à l'assouplissement des restrictions en matières de licence qui a eu lieu ces 20 dernières années.

DOMINION BREWERIES (DB)
AUCKLAND   FONDÉE EN 1930

La Waitemata Brewery, créée à Auckland en 1930, a fait l'acquisition à la fin des années 1960 de Taranaki Brewery, Tui Brewery et de Westland and Nelson Breweries pour donner naissance au groupe Dominion Breweries. La DB ne produit que des lagers. La **DB Draught** est la boisson principale, et parmi les autres produits, citons la **DB Bitter**, plus douce, la **DB Gold**, plus claire, ainsi que la **DB Export Dry**. La **Double Brown** maltée a une couleur plus proche du blond cuivré que du brun. La **Tui East India Pale Ale** est une bière corsée brassée depuis les années 1880, qui est très appréciée des habitants de l'île du Sud. Entre autres spécialités de lagers, on trouve la **Montelth's Extra Bitter Brown Ale** et la **Trapper's Red Beer**. La **Mako** est la bière la moins alcoolisée de DB. Cette dernière produit également la **Vita Stout** et la **Kiwi Lager** .

LION NATHAN
AUCKLAND   FONDÉE EN 1923

Bien qu'il ne subsiste que quatre brasseries sur les dix du conglomérat de départ, la Lion Nathan représente plus de la moitié de la production de bière en Nouvelle-Zélande. La Lion Brewery, la plus grande, a été fondée dans les années 1850 et compte aujourd'hui deux établissements sur l'île du Nord. Canterbury Brewery et Speights approvisionnent quant à elles l'île du Sud. Fondée en 1876, Speights a été pendant longtemps la plus grande brasserie individuelle de Nouvelle-Zélande. La **Steinlager** , la bière la plus exportée du pays, a été brassée pour la première fois en 1958, suite à une demande du gouvernement pour que la Nouvelle-Zélande produise une lager de qualité européenne. La bière la plus vendue en Nouvelle-Zélande est la **Lion Red**, une lager riche en malt brassée depuis 1907. La **Lion Brown**, dense et ambrée, est plus douce que la Red. Parmi les autres produits Lion, citons la **Lion Ice**, une bière moelleuse et la **Light Ice**. Les bières brassées par la Speights sont la **Speights Gold Metal Ale**, la **Speights Distinction Ale**, une bière foncée, et le porter **Speights Old Dark**. La **Canterbury Draught** est une bière brune, douce et riche en malt. Les autres lagers de Lion Nathan sont la **Rheineck**, la **Leopard Black Label** et les spécialités régionales **Walkato Draught** et **Hawkes Bay Draught**.

McCashin's Brewery and Malthouse
Nelson   Fondée en 1981

La première micro-brasserie néo-zélandaise a été fondée par le joueur de rugby Terry McCashin et a survécu à la concurrence des deux géants de la nation. Se conformant à la Reinheitsgebot (loi de la pureté de la bière) du 16ᵉ siècle, McCashin's brasse la **Mac's Ale**, la **Black Mac Ale** noire et la **Mac Extra**, une bière forte. Ce sont toutes des lagers à fermentation basse.

Autres brasseries néo-zélandaises

Emerson Brewing Company, Dunedin : London Porter, 1812 India Pale Ale, Old 95, Weissbier, Dunkelweizen, Organic Pilsener, Bookbinder Bitter

Harrington's, Christchurch : Harrington's Dark Beer, Harrington's Wheat

Independent Breweries, Auckland : Bighorn Blue, Nighthawk Dark Ale, Panther Premium Lager

Marlborough Brewing Company, Malborough : Malborough Draught

Newbegin Brewery, Auckland : Silver Fern Lage, Old Thumper Porter

Settler's Brewing Company, Henderson : Stockan Munich Lager, Stockan Draught Ale

Shakespeare Tavern and Brewery, Auckland (pub brassant sa propre bière) ; King Lear Old Ale, Macbeth's Red Ale, Falstaff's Real Ale, Willpower Stout

Strongcroft, Wellington

Autres brasseries du Pacifique

Brasserie de Tahiti, Papeete, Tahiti : Hinano Tahiti Lager

Western Samoa Breweries, Apia, Samoa

AFRIQUE

Le premier brassage en Afrique remonte au moins aux premières civilisations égyptiennes et se retrouve sous diverses formes à travers le continent depuis des milliers d'années. Traditionnellement, les céréales indigènes et les autres produits fermentescibles tels que le sorgho, le millet et la sève de palmier, constituent les principaux ingrédients des bières locales. Ces brassages à fermentation rapide se caractérisent souvent par un aspect trouble ou laiteux. L'introduction des bières de style européen par les colons au 19ᵉ siècle n'a pas supplanté le brassage des bières locales. Le climat y est souvent trop chaud et aride pour la culture de l'orge et du houblon, et l'importation d'ingrédients est trop coûteuse pour ces nations très pauvres. Un grand nombre d'entre elles doit par conséquent utiliser les céréales et les autres ingrédients indigènes. La culture d'orge et de houblon a été introduite au Kenya et en Afrique du Sud, et la plus grande brasserie du continent, South African Breweries, dispose de sa propre culture de houblon. En général, les céréales telles que le maïs sont souvent utilisées comme additifs dans les lagers et les ales à base de malt.

La première brasserie en Afrique a été fondée dans les années 1650 au cap de Bonne Espérance, Afrique du Sud, par un marin hollandais. Les ales ont prédominé durant la première période de la colonisation européenne, mais ont été progressivement remplacées par les lagers. Les lagers africaines sont généralement très légères, en partie à cause de l'addition de céréales. Toutefois, les stouts restent appréciées, notamment au Nigeria. L'influence européenne demeure car de nombreuses brasseries africaines sont constituées en joint-ventures avec des sociétés européennes, Heineken étant la plus présente. Aujourd'hui, il existe plus d'une centaine de brasseries en Afrique, dont la majorité est concentrée au Nigeria à l'ouest, au Kenya à l'est et en Afrique du Sud.

KENYA BREWERIES
NAIROBI, KENYA   FONDÉE EN 1922

East African Breweries a été fondée par deux frères et un chercheur d'or avec du matériel anglais. Au début, elle produisait des ales et des stouts de style anglais. Après avoir changé son nom en Kenya Breweries, la société est passée à la production de lagers après dix ans d'activité, se concentrant notamment sur la **Tusker** (dénommée ainsi en souvenir de l'un des deux frères fondateurs qui avait été tué par un éléphant). La **Tusker Lager** est une lager blonde dorée de style pils, assez corsée et au goût de houblon plus prononcé que les autres lagers africaines. Parmi d'autres lagers, plus ou moins fortes, on trouve la **Tusker Premium Lager**, brassée pour l'exportation, et la **Pilsner Lager**. Kenya Breweries produit également la **White Cap Lager**, plus fruitée.

NIGERIAN BREWERIES
LAGOS, NIGERIA   FONDÉE EN 1949

La Nigerian Breweries, fondée grâce aux capitaux investis par la société hollandaise Heineken (qui garde d'ailleurs une part importante), est la plus grande brasserie du pays, avec quatre établissements. Son produit le plus connu est la **Gulder**, une lager rafraîchissante et claire. La **Star** est une lager blonde dorée. Nigerian Breweries produit également la **Legend Stout**, une stout riche, aromatisée au malt torréfié.

SOUTH AFRICAN BREWERIES (SAB)
JOHANNESBURG, AFRIQUE DU SUD   FONDÉE EN 1895

La South African Breweries est le résultat du regroupement de deux brasseries sud-africaines vers le début du siècle. Sa position de leader sur le marché national a été renforcée par la fusion avec ses principaux concurrents, Ohlsson's et Union Breweries. Aujourd'hui, SAB compte sept brasseries en Afrique du Sud, plus des joint-ventures dans toute l'Afrique et ailleurs. South African Breweries a introduit la bière à fermentation basse en Afrique dans les années 1890 avec sa **Castle Lager**. La **Lion Lager** est une version plus foncée et plus corsée. La brasserie produit également la **Ohlsson's Lager** et la **Castle Milk Stout** 🍺 🍺, une bière foncée et riche brassée avec du lactose.

Mitchell's Brewery
Knysna, Afrique du Sud   Fondée en 1984

C'est un ancien brasseur de South African Breweries qui a ouvert la première micro-brasserie du continent en 1984. Parmi ses bières de style européen, on trouve la **Forester's Draught Lager**, la **Bosun's Bitter** et la riche **Raven Stout**.

Namibian Breweries
Windhoek, Namibie   Fondée en 1920

Namibian Breweries a été fondée par des colons allemands, brasseurs de leur métier. On retrouve l'influence allemande dans ses lagers **Windhoek** et **Maibock**.

Nesbitt Brewery
Chiredi, Zimbabwe   Fondée en 1990

La Nesbitt Brewery, une micro-brasserie privée, brasse sa **Hunter's Lager** selon la loi allemande de la pureté de la bière datant du 16e siècle.

Nile Breweries
Jinja, Ouganda   Fondée en 1992

Ayant repris une ancienne brasserie qui avait fermé dans les années 1970, Niles Breweries produit une lager réputée la plus forte du continent africain, l'**Extra Strong Brew**, ainsi que la **Nile Special Lager**.

Solibra Abidjan
Abidjan, Côte d'Ivoire   Fondée en 1960

La bière la plus connue de cette brasserie d'Afrique Occidentale Française est la **Mamba Lager**, une lager riche en malt. Solibran Abidjan produit également la **Mamba Bock**.

Autres brasseries africaines

Accra Brewery, Accra, Ghana

Arab Breweries Company, Amman, Jordanie

Bavaria Bräu, Johannesburg, Afrique du Sud

Blue Nile Brewery, Khartoum, Soudan : Camel Lager

Brasserie de Brazzaville, Brazzaville, Congo

Brasseries de Guinée, Conakry, Guinée

Brasseries de Logone, Moundou, Tchad

Brasseries de Tunisie, Tunis, Tunisie

Brasserie de Pellas, Douala, Cameroun

Brasseries du Bénin, Lomé, Togo : Ngoma Pilsner, Bière Bénin

Brasseries du Maroc, Casablanca : Flag Pilsner, Flag Export Lager

Brasseries Glacières, Alger, Algérie

Chibuku Brewery, Harare, Zimbabwe

International Brasserie, Yaoundé, Cameroun

Kgalagadi Brewers, Gaberone, Botswana

Meta Brewery, Addis Abéba, Éthiopie

Tanzania Breweries, Dar es Salaam, Tanzanie

Tempo Beer Industries, Metanyai, Israël

Zambia Breweries, Lusaka, Zambie

ÉTATS-UNIS

Avant même que les premiers colons européens apportent de la bière dans le Nouveau Monde, les conquistadors espagnols avaient découvert des tribus indiennes dans le sud-ouest qui brassaient une sorte de bière à partir de maïs. Des trouvailles archéologiques ont prouvé que les indigènes d'Amérique du Nord maîtrisaient la technique de brassage depuis déjà des siècles lorsqu'ils sont entrés en contact avec les Blancs.

Les colons européens ont commencé à brasser leur bière au 16e siècle; la première brasserie a ouvert ses portes en 1630 à New Amsterdam. La tendance s'est confirmée au 17e siècle lorsque même les puritains de Nouvelle-Angleterre et les Hollandais de New York, du New Jersey et de Pennsylvanie ont à leur tour créé leurs brasseries. L'arrivée à Plymouth Rock des premiers colons en 1620 pourraient d'ailleurs bien avoir un lien avec la bière : un des journaux intimes trouvés à bord du Mayflower indique que le bateau ne pouvait continuer à

Manifestation contre la prohibition dans les années 1920

naviguer plus longtemps car « nos victuailles sont quasiment épuisées, surtout la bière. »

Les bières consommées dans les colonies ont d'abord été des ales britanniques, importées pour la plupart. Mais à la suite du boycott des bières et des ingrédients britanniques dans les années précédant la Révolution, les brasseurs se sont tournés vers le maïs, le blé ou encore des plantes telles que la muscade, la mélasse et le gingembre, et même des écorces d'arbres ou des citrouilles. De nombreux pères-fondateurs célèbres étaient des brasseurs, dont notamment George Washington, Thomas Jefferson et William Penn. Au début du 19e siècle, il existait plus de 120 brasseries dans le pays nouvellement créé des États-Unis d'Amérique, qui ne comptait alors que sept millions d'habitants. À la fin du siècle, le nombre de brasseries étaient passé à plus d'un millier, dont plus de 100 dans la seule ville de Philadelphie et 110 à New York et Brooklyn. Les lagers introduites par les immigrés d'Allemagne et d'Europe Centrale commençaient déjà à s'imposer au détriment des ales.

L'instauration de la prohibition en 1919 a contraint la grande majorité des brasseries à fermer; seules quelques-unes ont réussi ensuite à rouvrir leurs portes quand la loi a été abolie en 1933 au cours de la Grande Dépression. Après la Seconde Guerre mondiale, le marché était contrôlé par un petit nombre de brasseries régionales et nationales. Cette structure a permis à de nombreuses petites brasseries de se créer et a renforcé le statut dominant des lagers sur le marché américain. Anheuser-Busch, Miller et Coors possédaient alors un véritable monopole avec leurs lagers légères et de saveur quasiment neutre.

L'assouplissement de la réglementation nationale sur le brassage de la bière et la Campaign for Real Ale (CAMRA) en Angleterre ont initié une véritable révolution dans les années 1980 et 1990. Des micro-brasseries et des petites brasseries familiales de Californie puis de toute la région nord-ouest ont commencé à produire des bières riches en arômes de style européen, tout en faisant revivre des bières typiquement américaines telles que la Buffalo Bill's Pumpkin Ale en Californie. Certains établissements ont également lancé des spécialités, qui sont dans l'ensemble plus houblonnées que leurs cousines européennes.

Les États-Unis arrivent aujourd'hui en tête du classement mondial pour ce qui est du nombre de brasseries depuis qu'ils ont dépassé l'Allemagne en 1997. Début 1999, on dénombrait par exemple plus de 1 300 micro-brasseries, de pub-brasseries et de brasseries sous contrat (contre moins de 300 en 1992). Le marché de la bière représente aujourd'hui plus d'un milliard de dollars et la croissance se poursuit dans ce domaine, même si son rythme est moins rapide qu'il n'a été.

NORD-EST DES ÉTATS-UNIS

Il existe une longue tradition de brassage de la bière dans des villes telles que Philadelphie ou Boston car une poignée de brasseries y ont survécu à la prohibition tout d'abord, puis aux grandes fusions de la seconde moitié du

20ᵉ siècle. Les brasseries New Yorkaises Genesee et F.X. Matt produisent des ales qui continuent d'être appréciées malgré la domination des lagers.

La révolution du brassage est née dans l'ouest du pays, mais la côte est compte quand même des micro-brasseries importantes. Les principales brasseries actuelles que sont Boston Beer Company ou Brooklyn Brewery ont commencé par produire des bières pour le compte de brasseries alors plus grandes qu'elles. Aujourd'hui elles reprennent tout aussi bien des recettes et des techniques typiques des bières des colonies que des bières anglaises actuelles. Certaines brasseries plus innovantes adaptent par ailleurs les nombreux styles belges ou allemands.

BOSTON BEER COMPANY
BOSTON, MASSACHUSSETTS
FONDÉE EN 1985

Le brasseur qui l'a créée a produit sa première bière sur la base d'une recette familiale des années 1870 et cette **Samuel Adams Boston Lager** 🍺 🍺 de style viennois est encore aujourd'hui en tête des ventes. Sa gamme actuelle comprend aussi la robuste et savoureuse **Samuel Adams Stock Ale** 🍺 🍺, la **Honey Porter,** la **Scotch Ale** et la **Cream Stout** 🍺 🍺, dérivées des généreuses ales britanniques. Cette brasserie produit aussi des bières de style belge : la **White Ale** 🍺 🍺, la **Cherry Wheat** et la **Cranberry Lambic** 🍺 🍺 (qui n'est d'ailleurs pas une véritable lambic). Enfin la **Golden Pilsner** vient compléter son offre standard. S'y ajoutent encore des bières de saison : **Octoberfest**, **Winter Lager Weizenbock**, **Spring Ale** (proche de la Kölsch allemande), **Summer Ale** (witbier de style belge). On distingue aussi la **Samuel Adams Doppel Bock** 🍺 🍺 et la très forte et sirupeuse **Triple Bock** 🍺 🍺 🍺 (17 % vol.) qui rappelle le sherry. La **Boston Lightbier** est une bière légère pauvre en calorie, relativement savoureuse et riche en arôme. Boston Beer Company brasse ses bières essentiellement sur commande.

THE BROOKLYN BREWERY
BROOKLYN, NEW YORK
FONDÉE EN 1987

Cette brasserie située dans le centre autrefois florissant de Brooklyn a été la première brasserie commerciale de la région et a joué à ce titre un rôle moteur depuis plus de 20 ans. La **Brooklyn Lager** 🍺, basée sur une recette du 19ᵉ siècle, a été sa première bière. Cette lager ambrée de style viennois a même reçu un prix. La bière d'hiver **Brooklyn Black Chocolate Stout** 💧 💧 est une Imperial Stout dense et crémeuse dégageant de riches arômes de chocolat et de malt. Citons également la **Brooklyn Dry Stout** et la **Brooklyn Brown Ale** 💧 💧 , plus houblonnée et plus alcoolisée que son équivalent britannique. Autres bières d'inspiration anglaises : **Brooklyn Pennant Pale Ale '55** (brassée en l'honneur de l'équipe de base-ball des Brooklyn Dodgers), **Brooklyn East India Pale Ale** 💧 💧 (houblonnée), **Brooklyn Monster Ale** (bière à base d'orge uniquement vendue en pression). Brooklyn Brewery propose aussi deux bières de saison de style belge : la **Blanche de Brooklyn** et la **Breukelen Abbey Ale**, une witbier épicée. Enfin elle brasse deux bières de tradition allemande : la **Brooklyn Pilsner**, une pils dorée traditionnelle, et la **Brooklyn Weisse**, une blanche trouble de style bavarois.

CATAMOUNT BREWING COMPANY
WHITE RIVER JUNCTION, VERMONT   FONDÉE EN 1985

Première brasserie de l'État du Vermont créée depuis les années 1890 et l'une des premières micro-brasseries modernes de la côte est. Baptisée

d'après le cougar qui vit dans les montagnes de l'État, cette brasserie est en pleine expansion. Elle produit deux pales ales aromatiques : la **Catamount Amber Ale**, cuivrée et maltée, interprétation américaine de ce style tandis que la **Catamount Pale Ale**, plus forte et plus sombre, relève davatantage de la tradition britannique. La **Catamount Porter** avec ses riches arômes de chocolat et d'épices grillées est considérée par beaucoup comme la meilleure porter du nord-est des États-Unis. La **Anniversary Ale**, créée pour la dixième année d'existence de la brasserie, est une pale ale indienne houblonnée et corsée. Catamount brasse aussi des bières de saison : la **Christmas Ale**, une pale ale indienne rousse, la **Oatmeal Stout**, crémeuse à la saveur de café, la **American Wheat**, une bière estivale rafraîchissante, et la **Octoberfest Lager** de style märzen.

APPALACHIAN BREWING COMPANY
HARRISBURG, PENNSYLVANIE   FONDÉE EN 1997

Cette brasserie, qui est la première créée dans la capitale de Pennsylvanie, produit la **Purist Pale Ale**, la **Water Gap Wheat**, la **Jolly Scot Scottish Ale**, la **Susquehanna Stout** ainsi que des spécialités de saison telles que la **Hefeweizen** et la **Oktoberfestbier**.

ATLANTIC COAST MASSACHUSSETTS
BOSTON, MASSACHUSSETTS   FONDÉE EN 1994

Les Tremont Ales sont de style britannique classique. La **Tremont Ale** et la **Tremont India Pale Ale** sont produites toute l'année tandis que la **Tremont Porter**, la **Tremont Winter Ale** et la **Old Scratch Barley Wine** sont des bières de saison.

DOCK STREET BREWING COMPANY
PHILADELPHIE, PENNSYLVANIE   FONDÉE EN 1989

Cette brasserie produit la **Dock Street Bohemian Pilsner** (brassée dans la plus pure tradition tchèque), la **Dock Street Amber Ale** et la **Dock**

Street Illuminator Double Bock. La forte et aromatique **Dock Street Barley Wine** n'est vendue qu'à la pression.

ELM CITY BREWING COMPANY/NEW HAVEN BREWING
NEW HAVEN, CONNECTICUT   FONDÉE EN 1986

Elm City Connecticut Ale est la seule bière produite par Elm-City (pour le compte de F.X. Matt) qui soit disponible en bouteilles. En pression, cette brasserie commercialise la **Blackwell Stout** et la **Broken English Ale**, extra-amère, ainsi que plusieurs bières de saison.

D.L. GEARY BREWING COMPANY
PORTLAND, MAINE   FONDÉE EN 1986

Cette micro-brasserie de caractère britannique a été la première brasserie créée dans le Maine depuis le 19ᵉ siècle. Son offre est actuellement limitée à trois bières : la **Pale Ale**, la **London Style Porter** et la **Hampshire Special Ale**. Cette dernière est une bière forte de saison qu'on ne trouve que quand « le temps est détestable ».

GENESEE BREWING COMPANY
ROCHESTER, NEW YORK   FONDÉE EN 1878

Cette brasserie qui est la plus grande des États-Unis à l'échelon régional a continué à produire des ales quand toutes les brasseries du pays se sont mises à brasser des lagers légères. Aujourd'hui, elle commercialise la **Cream Ale**, que l'on trouve rarement, la **Twelve Horse Ale** et la **Genesee Bock**.

MASSACHUSSETTS BAY BREWING COMPANY
BOSTON, MASSACHUSSETTS   FONDÉE EN 1987

Elle brasse des ales et des lagers. La **Harpoon Ale** et la **Harpoon India Ale** sont de style britannique tandis que la **Harpoon Pilsner** et la **Harpoon Munich Dark** sont de tradition bavaroise. Elle produit aussi la **Harpoon Light** et des bières de saison telles que **Spring Maibock**, **Summer ESB**, **Oktoberfest** et **Winter Warmer**.

F.X. MATT BREWING COMPANY
UTICA, NEW YORK   FONDÉ EN 1888

Cette brasserie renommée est toujours dirigée par des descendants de Francis Xavier Matt, son fondateur. Sa gamme Saranac lancée en 1985 comprend la **Adirondack Amber Ale**, la **Pale Ale**, la **Mountain Berry Ale**, la **Golden Pilsner**, la **Stout** et la **Black & Tan** (une stout mélangée à de la lager). Elle brasse aussi des bières de saison : **Saranac Chocolate Amber** (une Münchner dunkel), **Saranac Season's Best** (de couleur brun noisette) et **Saranac Wild Berry Wheat**. Elle produit également des bières sur commande pour d'autres micro-brasseries.

NEW ENGLAND BREWING COMPANY
NORWALK, CONNECTICUT   FONDÉE EN 1989

Elle brasse la **New England Atlantic Amber** (bière californienne classique), la **New England Gold Stock Ale** (proche d'une old ale anglaise mais plus houblonnée), la **New England Oatmeal Stout**, la **New England Light Lager** et la **New England Holiday Ale**.

NUTFIELD BREWING COMPANY
DERRY, NEW HAMPSHIRE   FONDÉE EN 1994

Elle se base aussi bien sur la tradition irlandaise héritée de son fondateur que sur celle de la ville de Derry. Elle produit toute l'année quatre ales différentes – l'**Auburn Ale**, la **Old Man Ale**, la **Black 47 Stout** et la **Nor'Easter** – et quatre bières de saison – la **Hopfest**, la **Summer Wheat**, la **Harvest Ale** et la **Winter Frost**.

Otter Creek Brewing Company
Middlebury, Vermont — Fondée en 1991

Il s'agit de la plus puissante brasserie du Vermont. Elle produit des bières d'un genre nouveau telles que la **Halles Alt Beer** et la bière de saison **Hickory Switch Smoked Amber Ale**. Parmi les autres, citons notamment la **Copper Ale** et les bières de saison **Mud Bock Spring Ale**, **Summer Wheat Ale**, **Stovepipe Porter** et Oktoberfest.

Pennsylvania Brewing Company
Pittsburgh, Pennsylvanie — Fondée en 1986

Cette première micro-brasserie moderne de Pennsylvanie a été créée par Thomas Pastorius, un descendant du fondateur de la première colonie allemande aux États-Unis. Elle brasse la **Penn Pilsner**, la **Kaiser Pils**, la **Helles Gold** et la **Penn Dark**, qui s'inspirent respectivement de la Münchner Hell et de la Münchner Dunkel, ainsi que des bières de saison, l'**Oktoberfest** et la **St. Nikolaus Bock Beer**.

Sea Dog Brewing Company
Bangor, Maine — Fondée en 1993

Tant dans son café-brasserie de Camden que dans sa brasserie de Bangor, Sea Dog Ales brasse des bières de style anglais : **Windjammer Blonde Ale**, **Old Gollywobber Brown Ale**, **Old East India Pale Ale**. Son pub sert également des lagers de style allemand telles que la **Jubilator Doppelbock** et la **Sea Dog Maibock**.

Shipyard Brewing Company
Portland, Maine — Fondée en 1992

Elle produit la **Shipyard Export Ale**, la **Blue Fin Stout** 🍺 🍺, la **Brown Ale**, la **Fuggles IPA**, la **Goat Island Light**, la **Old Thumper Extra Special Ale** 🍺 🍺 et tout un choix de bières de saison parmi lesquelles la **Longfellow Winter Ale** 🍺 🍺, la **Prelude Holiday Ale** et la **Sirius Summer Wheat Ale**. Cette brasserie a passé un accord avec Miller Brewing Company en 1995.

Smuttynose Brewing Company
Portsmouth, New Hampshire — Fondée en 1994

Cette brasserie baptisée d'après une île située le long de la côte du New Hampshire commercialise la **Shoals pale Ale** (non filtrée), la **Old Brown Dog** (ale sombre de style américain), la **Smuttynose Portsmouth Lager** et la **Chuck Wheat Ale**. Par ailleurs elle brasse la **Winter Porter**, l'**Imperial Stout**, la **Maibock**, la **Barley Wine**, la **Scotch Ale** et l'**Oktoberfest** en quantités limitées.

Spring Street Brewing Company
New York, New York — Fondée en 1993

Il s'agit de l'une des rares micro-brasseries américaines à s'être spécialisée dans les bières belges, notamment dans les blanches. Ainsi sa **Wit Wheat Ale** est aromatisée aux écorces d'orange et à la coriandre, sa **Wit Amber Ale** est plus foncée et rassemble un mélange d'épices et sa **Wit Black Ale** est sombre avec un goût de malt grillé.

STOUDT BREWING COMPANY
ADAMSTOWN, PENNSYLVANIE · FONDÉE EN 1987

Carol Stoudt, l'une des rares femmes brasseurs qui a également joué un rôle de pionnier en matière de micro-brasserie, produit des bières qui respectent la loi allemande sur la pureté de la bière. Ses produits distingués par la critique comprennent entre autres la **Stoudt's Pils**, la **Stoudt's Gold** (de style Dortmunder Export), la **Stoudt's Honey Double Mai Bock** 🍺 🍺 et la **Stoudt's Fest** (lager de type märzen), mais aussi des ales et des lagers.

D.G. YUENGLING & SON BREWERY
POTTSVILLE, PENNSYLVANIE · FONDÉE EN 1829

Cette brasserie que la famille Yuengling continue de diriger est la plus ancienne des États-Unis qui soit toujours active. Parmi ses bières de fermentation basse, citons la **Yuengling Dark Brewed Porter** 🍺 , la **Lord Chesterfield Ale**, la **Yuengling Traditional Lager**, la **Yuengling Premium Beer**, la **Yuengling Premium Light Beer** et la **Black & Tan**.

ZIP CITY BREWING COMPANY
NEW YORK, NEW YORK · FONDÉE EN 1991

Ce pub-brasserie installé dans les anciens locaux de la National Temperance Society (institution chargée de faire respecter la prohibition dans les années 20 aux États-Unis) a aménagé son pub dans le style autrichien et produit des bières allemandes et tchèques : **Vienna Amber**, **Pilsner**, **Dunkel**, **Altbier**, **Rauchbier**, **Blond Doppelbock**, **Eisbock** et **Hefeweizen**.

CENTRE-OUEST DES ÉTATS-UNIS

Sous l'impulsion de Anheuser-Busch à St. Louis, Miller à Milwaukee et Stroh à Detroit, la région centre-ouest est depuis longtemps la plaque tournante du brassage de la bière aux États-Unis. Anheuser-Busch est le plus grand conglomérat au monde dans ce domaine ; il contrôle presque la moitié du marché américain et brasse la bière qui enregistre les meilleures ventes dans le monde entier. Pabst Brewing et Stroh Brewery Company ne produisent plus aujourd'hui que des lagers américaines légères, pourtant leurs racines plongent jusqu'au milieu du 19e siècle. Au sein du géant S & P Company, Pabst produit la Blur Ribbon, la Olde English « 800 », la Olympia, la Hamm's, la Pearl at la Falstaff tandis que Stroh commercialise notamment les marques Augsburger, Old Milwaukee, Schaeffer et Schlitz, ainsi que Old Style, Rheingold, Schmidt, Carling's, Colt.45, Lone Star, Rainier, Jet City et Oregon par l'intermédiaire de G.Heileman Brewing Company. Miller Brewing Company produit la Löwenbräu, la Meister Bräu et la Milwaukee's Best, possède la grande brasserie régionale Leinenkugel et a acheté début 1999 la vieille Blitz-Weinhard Brewing Company, de dimension également régionale, située dans l'Oregon. Une grande part des lagers américaines légères est donc produite par une poignée d'entreprises dans le centre-ouest.

À l'origine, les brasseries de cette région ne se limitaient pas aux seules lagers dorées et légères. En s'y installant à la fin du 19e siècle, des immigrés allemands et scandinaves ont apporté avec eux toute une palette de bières de styles différents – bock, dunkel et blanche entre autres. Dans la seule ville de Milwaukee, on dénombrait à cette époque presque une centaine de brasseries. Même si elles doivent affronter les grandes marques régionales ou nationales, les micro-brasseries et les pubs-brasseries sont de plus en plus nombreux à revenir vers des bières plus aromatiques et plus variées de style plutôt allemand dans les régions suivantes de Chicago, Cleveland, Minneapolis-St. Paul et Milwaukee.

GREAT LAKES BREWING COMPANY
CLEVELAND, OHIO   FONDÉE EN 1988

Il s'agit de la première micro-brasserie moderne de Cleveland mais aussi de la première brasserie qui a repris du service après la prohibition. Elle est installée dans des bâtiments historiques qui ont abrité d'autres brasseries par le passé. Sa première bière a été la **Dortmunder Gold**, une lager douce et équilibrée brassée dans la plus pure tradition de Dortmund. Depuis elle a enrichi sa gamme de l'**Eliot Ness**, une lager maltée de style viennois, de la **Burning River Pale Ale** et de l'**Edmund Fitzgerald Porter**. Sa bière de saison **Christmas Ale** est brassée avec de l'orge malté et du blé et est aromatisée avec du miel, de la canelle et du gingembre. La **Conway's Irish Ale** est une red ale irlandaise spécialement adaptée pour l'hiver et les printemps précoces. Les autres bières de saison sont la **Rockefeller Bock**, la **Commodore Perry India Pale Ale** (printemps et début de l'été), la **Holy Moses,** une witbier estivale et fruitée, la **Moon Dog Ale**, une ale estivale amère, ainsi que l'**Oktoberfest**, bière d'automne comme son nom l'indique.

AUGUST SCHELL BREWING COMPANY
NEW ULM, MINNESOTA   FONDÉE EN **1858**

August Schell a émigré aux États-Unis dans les années 1850 et a fondé une brasserie dans la ville à forte majorité allemande de New Ulm. Schell Brewing est alors rapidement devenue une grande brasserie régionale produisant des lagers de style allemand. Elle est toujours dirigée par les descendants de August Schell et ses locaux se trouvent dans la résidence familiale du 19ᵉ siècle qui comprend aussi un muséum de la bière et un parc sauvage. Elle a résisté à la domination des géants nationaux et produit aujourd'hui des lagers traditionnelles qui recueillent une reconnaissance (et une distinction) toujours croissante depuis la « révolution de la bière ». La **Schell Pils** est une bière houblonnée brassée dans le respect de la tradition allemande. La **Schell Alt** est plus sombre que son modèle de Düsseldorf et possède aussi un goût de malt plus prononcé. La **Schell Weizen** de style bavarois, faite avec 60 % de blé, est fruitée mais sèche. Enfin la **Schell Bock** et la **Oktoberfest** viennent renforcer l'héritage germanique de cette brasserie.

ANHEUSER-BUSCH BREWING COMPANY
ST. LOUIS, MISSOURI   FONDÉE EN **1860**

Cette brasserie familiale fondée par un émigré allemand du nom de Eberhard Anheuser a lancé sa **Budweiser Lager** dorée dans les années 1870 (baptisée selon la ville tchèque de Budweis), dont il a finalement fait une marque. Elle s'accompagne aujourd'hui d'une trentaine d'autres bières parmi lesquelles **Michelob**, **Busch**, **Red Wolf**, **O'Doul's**, **King Cobra**.

SPRECHER BREWING COMPANY
GLENDALE, WISCONSIN   FONDÉE EN **1985**

Randal Sprecher, originaire de la capitale de la micro-brasserie de l'Oregon, a brassé pour Pabst avant de créer sa propre entreprise à Milwaukee. Les premières bières de sa gamme étaient la **Spreher Special Amber**, une lager doré intense de style allemand et la **Sprecher Black Bavarian**, une lager sombre complexe et riche en arômes. Puis se sont ajoutées la **Hefe Weiss** (filtrée), la **Pub brown Ale**, de style anglais, et la **Milwaukee Pilsner** brassée dans le respect de la tradition tchèque dont étaient empreintes les anciennes brasseries locales. Elle produit aussi des bières de saison : la bière d'été **Fast Bier** de type altbier, la bière d'automne **Oktoberfest**, la **Winter Brew** (style bock), l'**Irish Stout** brassée en une seule fois pour le jour de la St. Patrick, et enfin la bière de printemps **Mai Bock**. Pour compléter sa gamme, elle brasse enfin des bières en quantités limitées : **Doppel Bock**, **India Pale Ale**, **Belgian Ale**, **Imperial Stout**, **Anniversary Ale** (ale brune typique des Flandres aromatisée à la framboise).

Capital Brewing Company
Middleton, Wisconsin   Fondée en **1986**

Cette brasserie produit des bières de tradition allemande aux noms de consonnance allemande : **Garten Bräu Special Pilsner**, **Garten Bräu Dark** (de style munichois), **Garten Bräu Wisconsin Amber** (lager märzen) **Garten Bräu Weizen** (style bavarois) et **Garten Bräu Raspberry Wheat**. La **Garten Bräu Brown Ale**, elle, trahit une influence plus anglaise que germanique.

Frankenmuth Brewery
Frankenmuth, Michigan   Fondée en **1987**

Après une interruption due à des dommages causés par une tornade, Frankenmuth Brewery brasse de nouveau ses bières de qualité qui respectent la tradition bavaroise et la loi sur la pureté de la bière datant du 16e siècle. Ses principaux produits sont la **German-Style Pilsner**, la **German-Style Bock**, la **German-Style Dark**, la **Weisse Bier**, l'**Extra Light** et l'**Oktoberfest**.

Goose Island Brewing Company
Chicago, Illinois   Fondée en **1988**

Cette brasserie baptisée d'après une île de la Chicago River produit aussi bien des ales de type anglais que des lagers de type allemand : **Honker's Ale**, **Hex Nut Brown Ale**, **Oatmeal Stout**, **Kilgubbin Red Ale** (Kilgubbin est le nom gallois de « Goose Island »), **India Pale Ale**, **Summertime German-Style Kölsch Bier** et **Christmas Ale**. La **Bourbon Country Stout** est une Imperial Stout puissante qui vieillit dans de vieux fûts à bourbon.

Jacob leinenkugel Brewing Company
Chippewa Falls, Wisconsin   Fondée en **1867**

Cette brasserie régionale traditionnelle – affectueusement appelée « Leinies » – propose encore des bières typiques de l'époque où elle était encore une entreprise familiale indépendante : **Leinenkugel's Original**, **Red Lager**, **Northwoods Lager**, **Auburn Ale**, **Honey Weiss**🍺 🍺, **Hefeweizen** – plus des bières de saison : **Genuine Bock**, **Big Butt Doppelbock**, **Autumn Gold**🍺 et **Winter Lager**.

James Page Brewing Company
Minneapolis, Minnesota   Fondée en **1987**

Cette micro-brasserie qui fut l'une des premières de la ville produit régulièrement six bières : **Iron Range Amber Lager**, **Boundary Waters Lager** (brassée avec du riz sauvage du Minnesota), **Burly Brown Ale**, **Portage Pilsner**, **Voyager Pale Ale** et **Klassic Alte Ale**. Ses bières de saison sont la **Northern Lights Bock,** la **Summer Pale Ale**, l'Oktoberfest et la **Celebration**.

KALAMAZOO BREWING COMPANY
KALAMAZOO, MICHIGAN   FONDÉE EN 1985

Cette brasserie produit des ales non filtrées, non pasteurisées et conditionnées en bouteille parmi lesquelles la **Bell's Amber Ale**, la **Bell's Pale Ale**, la **Bell's Porter**, la **Bell's Kalamazoo Stout** et la **Third Coast Beer**, une pale ale dorée. Outre les bières de saison classiques, elle brasse plus irrégulièrement des spécialités telles que la **Third Coast Old Ale**, une bière à base d'orge.

LAKEFRONT BREWERY
MILWAUKEE, WISCONSIN   FONDÉE EN 1987

Cette brasserie non conventionnelle produit plusieurs spécialités, notamment la **Fuel Cafe Coffee-Flavoured Stout** et l'**Organic Extra Special Bitter**. La **Cherry Beer**, aromatisée avec des cerises de la région, la **Pumpkin Beer** (aromatisée à la citrouille) et la **Holiday Spice** sont des lagers de saison, tandis que la **Klisch Pilsner** et la **Eastside Dark** sont des lagers typiquement allemandes. Enfin la **Riverwest Stein Bier** est une lager de style viennois.

MILLER BREWING COMPANY
MILWAUKEE, WISCONSIN   FONDÉE EN 1855

Ses origines remontent aux années 1850 lorsque Frederick Miller a acheté une petite brasserie à Milwaukee. Le lancement des premières « Lite » dans les années 70 a été la clef du succès de l'entreprise. Aujourd'hui la gamme comprend la **Miller High Life**, la **Miller Lite** et la **Miller Genuine Draft**. Ce géant de la bière a essayé de conquérir le marché détenu par les petites brasseries artisanales en créant les bières spéciales **Red Dog** sous le label Plank Road Brewery.

NEW GLARUS BREWING COMPANY
NEW GLARUS, WISCONSIN   FONDÉE EN 1993

Cette micro-brasserie a été créée par un brasseur qui travaillait auparavant pour Anheuser-Busch. Elle produit à l'année la **Edel Pils**, la **Uffa-Da Wisconsin Bock** et l'**Apple Ale** (faite à partir de blé). Elle brasse par ailleurs des bières de saison : **Coffee Stout, Norski Maibock, Solstices Weiss, Snowshoe Ale** et **Belgian Red** (kriek de style belge).

PAVICHEVICH BREWING COMPANY
ELMHURST, ILLINOIS   FONDÉE EN 1989

Elle brasse des lagers en respectant fidèlement la loi allemande sur la pureté de la bière : **Baderbräu Vienna Style Lager, Baderbräu Bock Beer** et **Baderbräu Pilsner Beer** (proche des pils de Bohême d'origine).

SUMMIT BREWING COMPANY
ST. PAUL, MINNESOTA   FONDÉE EN 1986

Cette brasserie à été l'une des premières à défendre le brassage traditionnel mais n'a pas obtenu la même reconnaissance que ses consœurs de la côte est et de la côte ouest. Elle produit régulièrement l'**Extra Pale Ale** et la **Great Northern Porter**, que vient compléter une gamme de bières de saison : **India Pale Ale, Winter Ale, Heimertingen Maibock, Hefe Weizen** et **Düsseldorfer Alt Bier**.

Les restrictions persistantes qui s'appliquent aux entreprises privées de brassage de la bière et les lois anti-alcool sévères qui existent dans cette région limitent grandement la renaissance des micro-brasseries dans le sud. Mais le manque de tradition en matière de bière n'enlève rien à la diversité des styles produits – on y trouve des ales britanniques, des lagers allemandes mais aussi d'intéressantes spécialités. Les états qui bordent l'Atlantique, tels que la Maryland ou la Virginie, ont la chance de pouvoir compter sur la tradition des anciennes brasseries de l'époque coloniale. Ces dix dernières années, on a vu s'établir quelques nouvelles micro-brasseries à l'esprit d'innovation.

ABITA BREWING COMPANY
ABITA SPRINGS, LOUISIANE   FONDÉE EN 1986

Les premiers habitants d'Abita Springs, ville située en face de la Nouvelle-Orléans sur le lac Pontchartrain, croyaient que l'eau du lac recelait des vertus curatives et Abita Brewing vante la pureté de ces eaux qu'elle utilise pour produire ses ales pur malt et ses lagers. La première bière de cette brasserie a été l'**Abita Amber**, une lager de style munichois, bientôt suivie par huit autres, trois régulières et cinq de saison : l'**Abita Golden**, une lager légère, la **Turbodog**, une ale brun foncé vraiment sucrée, la **Purple Haze**, une bière blanche de style américain aromatisée avec des framboises fraîches, l'**Abita Bock** (bière de printemps qui ressemble à une maibock allemande), la houblonnée **Abita Red Ale**, l'**Abita Wheat** (blanche estivale de style bavarois), l'**Abita Fallfest** (märzen) et l'**Abita Christmas Ale**, dont la recette change chaque hiver.

CELIS BREWING COMPANY
AUSTIN, TEXAS   FONDÉE EN 1991

Beaucoup de micro-brasseries américaines se vantent de respecter la tradition des grands brasseurs belges, mais cette brasserie possède un avantage sur elles : elle est directement reliée à la Belgique par ses origines. Son fondateur, Pierre Celis, dirigeait effectivement De Kluis Brauerei à Hoeggarden avant d'ouvrir cette brasserie au Texas. Tout le matériel qu'il utilise provient d'une brasserie belge abandonnée. P. Celis a commencé par produire la **Celis White** brassée avec des écorces d'orange et de la coriandre, conformément à une recette traditionnelle belge de witbier. La

Celis Grand Cru est également une bière traditionnelle, bien épicée, et la **Celis Dubbel Ale** est inspirée d'une recette trappiste. La **Celis Raspberry** est brassée avec de l'orge malté et du blé (non malté) et est aromatisée avec du jus de framboises. Mais l'influence belge n'est pas la seule. Cette brasserie produit aussi la **Celis Pale Bock** de fermentation haute et la **Celis Golden Ale**, une pils de style tchèque. En 1995, elle a passé un accord avec une filiale de Miller Brewing Company qui s'occupe donc désormais du marketing et de la distribution de ses bières.

WILD GOOSE BREWERY
CAMBRIDGE, MARYLAND
FONDÉE EN 1989

Cette brasserie qui a compté parmi les premières de la région atlantique-centre se réfère à la tradition anglaise pour brasser des ales aromatiques. La **Wild Goose India Pale Ale** et la **Amber Ale** sont des classiques du genre. La **Wild Goose Porter** et la **Wild Goose Oatmeal Stout** s'inscrivent également dans cette tendance. Par ailleurs cette brasserie produit aussi la **Wild Goose Golden Ale** ainsi que des bières de saison – la **Spring Wheat Ale**, la **Wild Goose Nut Brown Ale** et la **Snow Goose Winter Ale**, une bière aromatique proche du style anglais. Wild Goose est aujourd'hui une filiale de Frederick Brewing Company basée à Baltimore (voir ci-après).

ATLANTA BREWING COMPANY
ATLANTA, GÉORGIE   FONDÉE EN 1994

Elle brasse une série de bières qui ont chacune leur caractère. La **Red Brick Ale** correspond à une brown ale anglaise, la **Red Brick Golden Lager** et la **Laughing Skull Bohemian Pilsner** sont des pils et la **Red Brick American Wheat** est une blanche non filtrée de style bavarois.

BIRMINGHAM BREWING COMPANY
BIRMINGHAM, ALABAMA   FONDÉE EN 1992

Birmingham est l'incarnation moderne d'une brasserie du temps d'avant la prohibition qui a fermé ses portes depuis longtemps. Elle produit aujourd'hui la **Red Mountain Red Ale** qui correspond à une brown ale anglaise, la **Red Mountain Golden Ale** et la **Red Mountain Wheat Beer**, une bière de saison.

Black Bear Brewing Company
Atlanta, Géorgie   Fondée en 1996

Elle produit des ales anglaises : la **Black Bear Amber**, une ale corsée, la houblonnée **Black Bear Pale Ale**, la **Black Bear Grizzly Stout** et la **Black Bear Golden Honey**, une bière d'été rafraîchissante.

Brimstone Brewing Company
Baltimore, Maryland   Fondée en 1993

Cette brasserie installée dans le quartier « Brewery-Hill » de Baltimore – qui fut le berceau de nombreuses brasseries – produit des ales spéciales, parmi lesquelles par exemple la **Brimstone Stone Beer**, bière très inhabituelle pour une brasserie américaine, la **Honey Red**, la **Raspberry Porter**, la **Big Strong Ale**, une bière à base d'orge, la **Amber Ale**, la **Blueberry Wheat** et bien d'autres bières aromatisées et autres bières de saison.

Clipper City Brewing Company
Baltimore, Maryland   Fondée en 1995

Cette micro-brasserie de belle taille produit aussi bien des bières anglaises qu'allemandes. La **Clipper City Pale Ale** et la **India Pale Ale** relèvent clairement de la tradition anglaise tandis que la **Clipper City Premium Lager** est un classique allemand. Elle brasse également la **Märzen** et la **Honey Wheat**.

Dixie Brewing Company
Nouvelle-Orléans, Lousiane   Fondée en 1907

C'est l'une des rares petites brasseries qui a survécu à deux guerres mondiales, à la prohibition, à la dépression et à la domination des grands groupes. Elle produit des bières traditionnelles qui vieillissent en fûts de bois. La **Blackened Voodoo** , une lager sombre, est la plus connue, mais la brasserie produit aussi la **Dixie Lager**, de style américain, et la **Jazz Amber Light**, une bière légère relativement savoureuse.

Frederick Brewing Company
Frederick, Maryland   Fondée en 1993

La gamme Blue-Ridge de Frederick Brewing se compose de la **Golden Ale**, de l'**Amber Lager** de style viennois, de la **Porter**, de la **ESB Red Ale**, de la **Sublimator Doppelbock**, de la **SunRage**, brassée avec du miel, de la **HopFest**, une brown ale sèche et houblonnée non filtrée, et de la **Winter Ale Snowball's Chance**. Elle brasse également toute une série de spécialités, parmi lesquelles la **Hempen Ale**, dont le moût contient du chènevis et de l'orge malté qui lui confère un goût d'herbes (sans THC).

Oldenberg Brewing Company
Fort Mitchell, Kentucky   Fondée en 1987

Outre une chaîne de restaurants et son pub-brasserie, Oldenberg Brewing gère un « Beer Camp » deux fois par an. Il produit la **Oldenberg Premium Verum**, une lager allemande traditionnelle, la **Oldenberg Blonde**, une lager légère de style pils, la **Raspberry Wheat**, la **Pious Pale Ale**, la **Holy Grail Nut Brown Ale**, la **Oldenberg Devil's Back Black Oatmeal Stout**, et plusieurs bières de saison telles que la **Oldenberg Outrageous Bock**, la **Crosley's Red Ale**, la **Oldenberg Oktoberfest Lager** et la **Oldenberg Winter Ale**.

Oxford Brewing Company
Baltimore, Maryland   Fondée en 1992

Cette brasserie propose des ales d'inspiration britannique et belge. L'**Oxford Class Ale**, l'**Oxford IPA**, l'**Oxford S.O.B.** (Special Old Bitter), l'**Oxford Real Ale** (non filtrée), l'**Oxford Piccadilly Porter** et la bière de saison **Oxford Santa Class** appartiennent à la première catégorie, tandis que l'**Oxford Raspberry Wheat** et la **White Ox Ale** sont des blanches de style belge.

Rock Creek Brewing Company
Richmond, Virginie   Fondée en 1995

Cette brasserie installée dans un coude du James River (qui s'appelait autrefois Devil's Elbow) produit la **Devil's Elbow IPA** et d'autres bières britanniques telles que la **Rock Creek Red Ale**, la **Rock Creek Gold**, la **River City ESB**, la **Black Raven Porter** et la **Nuttrageous Brown Ale**. Par ailleurs elle propose des bières de saison tout à fait innovantes : **Pumpkinhead Ale**, **Winter Passion Spiced Ale**, **Irish Honey Cream Ale** et **Wild Summer Passion Wheat Ale**.

Saint Arnold Brewing Company
Houston, Texas   Fondée en 1993

Saint Arnold Brewing, baptisée d'après le saint-patron des brasseurs, a été la première micro-brasserie créée à Houston. Gamme standard : **Saint Arnold Amber Ale**, **Saint Arnold Kristall Weizen** – Bières de saison : **Spring Bock**, **Summerfest**, **Oktoberfest**, **Christmas Ale** et **Winter Stout**.

Spoetzl Brewery
Shiner, Texas   Fondée en 1915

Vieille brasserie régionale fondée dans la ville de Shiner créée par des immigrés allemands et tchèques. Elle brasse toujours ses bières d'après les recettes originales de son fondateur Kosmos Spoetzl : **Shiner Blonde** (lager), **Shiner Bock**, **Shiner Honey Wheat** (aromatisée aux agrumes), **Shiner Kosmos Reserve** (lager) et **Shiner Winter Ale** (dunkelweizen).

Weeping Radish Brewery
Manteo, Caroline du Nord   Fondée en 1986

Ses lagers et ales traditionnelles sont brassées dans le respect de l'ancienne loi allemande sur la pureté de la bière. Elle produit actuellement la **Corolla Gold** (lager claire de type munichois), la **Fest** (lager de type märzen) et la **Black Radish** (lager sombre). Ses bières de saison comprennent la **Winter Wheat**, la **Spring Bock** et la **Christmas Double Bock**.

Williamsville Brewery
Ashland, Caroline du Nord
et Fernandina Beach, Floride   Fondée en 1995

Forte du succès de sa brasserie principale en Caroline du Nord, Williamsville a choisi de s'implanter également en Floride et d'acheter Wilmington Brewing en Caroline du Nord et St. Maarten Breweries dans les Caraïbes. Ces différents établissements produisent l'**Amelia Ale**, la **Cabo Pale Ale**, l'**Endangered Ale**, la **Studley Ale**, la **Border Porter** et l'**Apple and Ale** à la saveur fruitée.

New Albion Brewery a commencé à brasser des bières traditionnelles de façon artisanale dans la ville californienne de Sonoma en 1977. Cette micro-brasserie n'a pas subsisté longtemps mais elle a initié un mouvement de création de petites brasseries le long de la côte pacifique. Des Californiens du nord ont lancé la révolution américaine de la micro-brasserie et aujourd'hui l'état entier en compte un grand nombre. C'est également le cas de l'Oregon et du Washington où est produit un large choix de bières traditionnelles d'origines diverses. De nombreuses spécialités qui avaient disparu du marché ont même été relancées par des brasseurs régionaux à l'esprit d'innovation. La côte nord-ouest du Pacifique est le centre de la culture du houblon ; les variétés de qualité qui y sont produites ne sont pas seulement utilisées dans l'industrie locale mais sont également exportées de façon croissante vers l'Europe et ailleurs. L'interprétation américaine du style anglais pale ale est conditionnée par l'emploi des variétés Cascade, Colombus et Cluster. Anchor Brewery et Sierra Nevada, toutes deux installées en Californie, ont joué un rôle décisif dans le perfectionnement des bières américaines. Bien que Coors domine largement l'industrie de la bière dans les Rocheuses, cela n'a pas empêché les micro-brasseries créatives de se créer en grand nombre dans diverses villes du Colorado. Cette tendance est également visible dans les états faiblement peuplés du Wyoming et du Montana.

Aujourd'hui la Californie compte plus de micro et de petites brasseries que n'importe quel autre état du pays – et le Colorado, leWashington et l'Oregon suivent de près. La ville de Portland (Oregon) est par exemple celle qui en accueille le plus dans tout le pays, ce qui lui vaut le surnom de « America's Microbrew Capital » ou plus communément « Beervana ».

Anchor Brewing Company
San Francisco, Californie   Fondée en 1896

Anchor Brewing a parrainé en quelque sorte la micro-brasserie américaine et a connu un succès durable dans la région. Mais en 1965, elle était au bord de la faillite lorsque Fritz Maytag, héritier du fabricant de machines à laver, l'a rachetée. Anchor est alors devenu un précurseur en matière de brassage artisanal. La **Anchor Steam Beer** 🍺 🍺 🍺, de style californien, est le produit le plus connu de cette brasserie ; elle a été lancée pendant la ruée vers l'or au 19ᵉ siècle – entretemps Steam Beer est devenu une des marques d'Anchor. Cette bière est un hybride d'ale et de lager

brassée avec des levures de lager dans des cuves de fermentation plate, à des températures élevées. Le résultat est une bière cuivrée où l'arôme de malt compense l'amertume du houblon. Anchor produit également la **Liberty Ale** 🍺 🍺 🍺 (ale américaine classique, sèche et houblonné), la **Anchor Porter** 🍺 🍺 (au malt grillé) et la **Old Foghorn** 🍺 🍺 🍺 (bière extraordinaire à base d'orge), qui vieillit très bien. Enfin cette brasserie propose la **Wheat Beer**, légèrement fruitée, et la **Our Special Ale** 🍺 🍺 🍺 , brassée pour les fêtes de Noël.

PYRAMID BREWERIES
SEATTLE, WASHINGTON   FONDÉE EN 1984

Les Pyramid Ales ont été brassées pour la première fois dans la petite ville de bucherons de Kalama (état de Washington) au moment de la révolution des micro-brasseries. La brasserie qui les produisait s'appelait à l'origine Hart Brewing Company ; elle a fusionné en 1992 avec Thomas Kemper Brewery et a déménagé pour Seattle. La **Pyramid Pale Ale** est cuivrée avec un goût de malt et de noisette d'où ressort nettement la saveur du houblon. La brasserie produit trois bières blanches : la **Wheaten Ale**, légère et sèche, la **Hefeweizen**, non filtrée et brassée à 60 % avec du malt de blé, et la **Apricot Ale**. Sa gamme comprend par ailleurs des bières plus sombres et plus épicées : la **Pyramid Best Brown**, brassée avec des malts foncés et de l'orge grillé, et la **Pyramid Espresso Stout** (anciennement Hart Espresso Stout) qui dégage un arôme de café malgré l'absence de cete ingrédient dans la préparation. La **Snow Cap Ale** est une bière d'hiver très aromatique alors que la **Sun Fest** est une bière d'été rafraîchissante. La **Scotch Ale**, la **Porter** et la **India Pale Ale** sont les autres bières de saison que produit Pyramid.

La Thomas Kemper Brewery, installée en 1985 sur l'autre rive du Puget Sound sur Bainbridge Island, s'est spécialisée uniquement dans les lagers de style allemand. Elle produit des blanches – la **Weizen Berry** (aromatisée à la framboise, de style bavarois), la **Hefeweizen** – une lager – la **Thomas Kemper Amber** (savoureuse, de style viennois), une pils – la **Geyser Golden** – et enfin des bières de saison – la **Oktoberfest**, la **Bock**, la **Porter** et la **Winter Bräu**.

Rogue Ales Brewery
Newport, Oregon
Fondée en 1989

Cette brasserie située sur la côte escarpée de l'Oregon est une des entreprises artisanales les plus importantes du pays qui produit une large palette de bières distinguées par la critique spécialisée. La **Rogue Ale** est une special bitter ambrée typiquement anglaise. La très prisée **Shakespeare Stout** est riche en arôme, crémeuse et faite à partir d'avoine et l'**Imperial Stout** est un exemple du genre. La **Mocha Porter** se distingue par une note chocolatée très nette, la **HazelNut Brown Nectar** est aromatisée avec un extrait de noisettes, la **Rogue-N-Berry** contient des baies de la région qui lui donnent sa couleur violette. **Saint Rogue Red**, **American Amber** et **Oregon Golden Ale** sont d'autres ales d'inspiration britannique. Des bières de saison et des spécialités brassées en quantités limitées viennent compléter la gamme de produits : la **Mogul Ale** (ou Mogul Madness), une ale forte et sombre pour l'hiver et la **Cran-N-Cherry**, ale de fin d'automne ou d'hiver parfumée aux cerises et canneberges. Elle brasse aussi des bocks : la **Maierbock**, la **Dead Guy Ale**, la **Whale Ale** et la **Wolf Eel Ale**. La **Mo Ale** est une blanche de style belge, la Smoke une bière fumée de fermentation haute classique vendue en pression sous le nom de Welkommen. La **Old Crustacean Barleywine** vieillit déjà plusieurs mois avant d'être conditionnée et continue de vieillir en bouteille. Enfin la **McRogue Scotch Ale** et la **Mexicali Rogue**, épicé au chili, complètent le choix plutôt innovant de cette brasserie.

Alaskan Brewing Company
Juneau, Alaska   Fondée en 1986

Cette brasserie qui fut la première créée dans cet état reculé a reçu un prix pour son **Alaskan Amber** 🍺 🍺, une alt brassée selon une recette du 19ᵉ siècle. L'**Alaskan Pale Ale** 🍺 🍺 et l'**Alaskan Frontier** (cuivrée) sont des ales aromatiques auxquelles s'est récemment ajoutée la **Alaskan Stout**. L'extraordinaire **Alaskan Smoked Porter** 🍺 🍺 🍺 est fumée au feu d'aulnes.

Anderson Valley Brewing Company
Boonville, Californie   Fondée en 1987

La palette de cette brasserie du nord de la Californie comprend des variétés telles que la **Boont Amber**, la **Poleeko Gold Pale Ale**, la **Belk's Extra Special Bitter**, la **Hop Otten India Pale Ale**, la **Barney Flats Oatmeal Stout**, la **Deependers Dark Porter** et la **High Rollers Wheat Beer**. Elle brasse également des spécialités : la **Wee Heavy Scotch Ale** et la **Horn of the Beer Barley Wine**.

Bridgeport Brewing Company
Portland, Oregon   Fondée en 1984

Cette brasserie de portland a été conçue sur le modèle des brasseries régionales en Angleterre. Outre son produit-phare, la **Blue Heron Pale Ale** (ou **BridgePort Pale Ale**) – baptisée d'après l'oiseau qui est l'emblème de

Portland – BridgePort brasse aussi la **Black Strap Stout** (aromatisée à la mélasse), la **BridgePort Amber**, la **ESB** et la **Old Knucklehead Barley Wine**. La **India Pale Ale** et la **Porter** font partie des bières vieillies naturellement.

BUFFALO BILL'S BREWING COMPANY
HAYWARD, CALIFORNIE　　　　　　FONDÉE EN 1983

Cette micro-brasserie qui fut parmi les premières de Californie est surtout connue pour sa bière de saison **Pumpkin Ale** 🍺, brassée avec de la citrouille. Mais elle commercialise aussi la **White Buffalo**, la **Tasmanian Devil Ale**, la **Belle Hop Porter**, la **Alimony Ale** (bière de saison) et la **Hearty Ale**.

ADOLPH COORS COMPANY
GOLDEN, COLORADO　　　　　　FONDÉE EN 1873

Coors est longtemps restée une brasserie régionale avant de faire partie des géants nationaux. Elle produit d'une part des lagers légères de style américain et d'autre part des spécialités qu'elle vend sous le label Blue Moon. Elle brasse aussi la **George Killian's Irish Red Lager**, la **Winterfest** 🍺 🍺 (märzen) et la **Zima** (bière claire et maltée).

DESCHUTES BREWING COMPANY
BEND, OREGON　　　　　　FONDÉE EN 1988

Deschutes a commencé sous la forme d'un pub-brasserie puis a réussi à devenir l'une des plus grandes micro-brasseries du nord-ouest avec notamment ses ales de tradition anglaise. Sa crémeuse **Black Butte Porter** est son produit le plus connu (et la bière préférée de l'auteur de ce livre !) mais Deschutes brasse aussi quatre autres ales de qualité toute l'année : la **Cascade Golden Ale**, la **Mirror Pond Pale Ale**, la **Bachelor Bitter** et l'**Obsidian Stout**. La **Jubelale** est une bière de saison riche en arôme pour l'hiver.

FULL SAIL BREWING COMPANY
HOOD RIVER, OREGON　　　　　　FONDÉE EN 1987

Cette brasserie située sur le fleuve Colombia est celle qui produit le plus gros volume de bière artisanale dans tout l'Oregon. Il produit douze variétés, dont la **Golden Ale**, riche en arôme et de fermentation haute, l'**Amber Ale**, la **Nut Brown Ale** et l'**India Pale Ale**. Ses bières de saison sont conditionnées en bouteille : **Oktoberfest**, **WasSail**, **Imperial Porter**, **Equinox ESB** et **Old Boardhead Barleywine Ale** (produite en quantités limitées).

HAIR OF THE DOG BREWING COMPANY
PORTLAND, OREGON　　　　　　FONDÉE EN 1994

Ses ales conditionnées en bouteille sont produites en petites quantités et vieillissent plusieurs années jusqu'à maturité. L'**Adambier**, forte mais douce, présente une couleur rouge grenat qui provient de l'orge grillé. La **Fred** est une ale dorée et forte qui contient dix variétés de houblon et une dose de malt de seigle. La **Golden Rose** fruitée est inspirée des triples belges.

LOST COAST BREWERY
EUREKA, CALIFORNIE　　　　　　FONDÉE EN 1986

Cette brasserie fondée par deux femmes produit des ales anglaises de fermentation haute telles que la **Lost Coast Pale Ale**, l'**Alley Cat Amber Ale**, la **Downtown Brown**, la **Eight Ball Stout**, la **Raspberry Brown Ale** (bière de printemps) et la **Winterbräu Holiday Ale**. Elle brasse aussi la **White Beer**, basée sur le modèle belge.

McMenamins Brothers Breweries
Divers établissements dans l'Oregon et Washington
Fondée en 1990

Cette chaîne de brasseries à l'esprit d'innovation possède plus de 30 pub-brasseries sur l'ensemble de la côte nord-ouest du Pacifique. Chaque établissement produit ses propres bières en plus des standards suivants : **Bagdad Ale, Black Rabbit Porter, Cascade Head, Crystal Ale, Edgefield Wheat, Hammerhead Ale, Nebraska Bitter, Ruby, Terminator Stout** et **Transformer Ale.**

Mendocino Brewing Company
Hopland, Californie   Fondée en 1983

Elle a été créée par les anciens brasseurs de la première micro-brasserie d'Amérique du Nord baptisée New Albion Brewing. Sa bière emblématique, la **Red tail Ale** est une ale ambrée complexe, légère et fruitée, alors que la **Blue Heron Pale Ale** est une ale dorée et houblonnée. La **Black Hawk Stout** se distingue plutôt par sa saveur grillée, à la façon d'une bière irlandaise.

Mt. Hood Brewing Company
Government Camp, Oregon   Fondée en 1992

La situation de cette brasserie est particulière dans la mesure où elle culmine à 1219 mètres d'altitude, sur le mont Hood. Elle produit six ales de style anglais : **Ice Axia India Pale Ale, Pinnacle Extra Special Bitter, Cloud Cap Amber Ale, Hogsback Oatmeal Stout, Pittock Wee Heavy** (bière d'hiver) et **Southside Light Session Ale** (bière d'été).

New Belgium Brewing Company
Fort Collins, Colorado   Fondée en 1991

Outre les bières aromatiques de style belge, cette brasserie produit aussi une witbier traditionnelle nommée **Sunshine** et trois bières d'abbaye : **Abbey Dubbel, Trippel** et **Porch Swing Single Ale.** Ses spécialités comprennent la **Old Cherry Ale** et la **Frambozen Raspberry Brown Ale.** Enfin elle brasse des bières américaines – la **Fat Tire Amber Ale** et la **Blue Paddle Pilsener.**

North Coast Brewing Company
Fort Bragg, Californie   Fondée en 1988

Installée dans la région de Mendocino où la tradition de brassage est bien ancrée, North Coast Brewing propose de nombreuses bières auxquelles a été décerné un prix : **Ruedrich's red Seal Ale, Scrimshaw Pilsner Beer, Pranqster Belgian-Style Golden Ale, Blue Star Wheat Beer** (non filtrée). Parmi les stouts, citons la **Old Rasputin Russian Imperial Stout** et la **Old Nº 38 Stout,** très prisée.

Nor'Wester Brewery
Portland, Oregon   Fondée en 1995

Cet établissement publique brasse des ales, des lagers, trois blanches – **Hefeweizen, Dunkel Weizen** et **Raspberry Weizen** – ainsi que l'**Oregon Pale Ale,** l'**Oregon Amber** et la **Nor'Wester Best Bitter** et enfin des bières de saison – **White Forest Scotch Ale, Smith Rock Bock** et **Mt. Angel Oktoberfest.**

Oregon Trail Brewery
Corvallis, Oregon — Fondée en 1987

Oregon Trail utilise un système de brassage basé sur la gravitation et commence donc le procédé au dernier étage d'un bâtiment qui en compte trois. L'**Oregon Trail White Ale** est une bière blanche traditionnelle belge et l'**Oregon Trail Ale** ressemble à une Kölsch. Cette brasserie produit aussi l'**Oregon Ale Stout**, d'inspiration irlandaise, et l'**Oregon Trail Brown Ale**.

Pete's Brewing Company
Palo Alto, Californie — Fondée en 1986

Cette brasserie travaillant sous contrat produit une série d'ales et de lagers maison. Sa première bière a été la **Pete's Wicked Ale**, une brune de style américain, puis elle a étendu sa gamme : **ESP Lager**, **Honey Wheat**, **Signature Pilsner**, **Strawberry Blonde**, **Summer Brew**, **Oktoberfest** et **Winter Brew**.

The Pike Brewery
Seattle, Washington — Fondée en 1989

Pike Brewery a été fondée au centre de Pike Place Market par Charles Finkle de Merchant du Vin. Ses bières de qualité trahissent une nette influence européenne. La **Pike Pale Ale**, la **XXXXX Stout** et la **Old Bawdy Barley Wine** sont des classiques de cette brasserie.

Portland Brewing Company
Portland, Oregon — Fondée en 1986

Elle est devenue une brasserie importante au niveau régional. Elle produit essentiellement la **MacTarnahan's Amber Ale,** de style écossais, mais aussi la **Zig-Zag River Lager**, la **Haystack Black Porter**, l'**Oregon Honey Beer**, la **Bavarian-Style Weizen** et la **Wheat Berry Beer**.

Redhook Ale Brewery
Seattle, Washington — Fondée en 1981

Elle a été à la pointe du mouvement pour les micro-brasseries et est aujourd'hui l'une des plus grandes brasseries artisanales – elle appartient même en partie au groupe Anheuser-Busch. Elle produit une large palette de bières à laquelle appartiennent la **Redhook Extra Special Bitter**, la **Redhook India Pale Ale** (appelée initialement **Ballard Bitter**), la **Redhook Rye Beer**, la **Blackhook Porter** et la **Doubleblack Stout**, brassée avec du café Starbucks. Elle commercialise aussi des bières de saison telles que **Winterhook Winter Ale**, **Blonde Ale** et **Brown Ale**.

Rockies Brewing Company
Boulder, Colorado
Fondée en 1979

Cette micro-brasserie, qui s'appelait Boulder Brewing Company à l'origine, est la plus ancienne des États-Unis et a changé plusieurs fois de propriétaire. Elle brasse à l'année la **Boulder extra Pale Ale**, la **Boulder Amber Ale**, la **Boulder Porter** et la **Boulder Stout** ainsi qu'une demi-douzaine de bières de saison de façon plus irrégulière.

St. Stan's Brewery
Modesto, Californie   Fondée en 1981

Elle brasse plusieurs bières de type alt traditionnel de Düsseldorf : **St. Stan's Amber Ale** , **St. Stan's Dark** (sombre et maltée), **Virgin Amber** (non filtrée), .**Virgin Dark** et **St. Stan's Fest** (bière de saison). Elle produit aussi la **Whistlestop Ale**, la **Red Sky Ale** et la **St. Stan's Barley Wine** .

Saxer Brewing Company
Lake Oswego, Oregon   Fondée en 1993

Baptisée ainsi en hommage à Henry Saxer qui fonda la première brasserie dans l'Oregon en 1852, Saxer Brewing est aujourd'hui l'une des rares brasseries de l'état à ne produire que des lagers. Parmi ses produits, citons ceux qui ont obtenu un prix : **Three-Finger Jack Roasted Red Hefedunkel**, **Three-Finger Jack Amber** (style märzen) et **Three-Finger Jackfrost Winter Doppelbock**. Elle brasse aussi la **Three-Finger Jack Summer Lager**, la **Saxer's Lemon Lager** et la **Three-Finger Jack Stout**.

Sierra Nevada Brewing Company
Chico, Californie   Fondée en 1981

Elle a été créée à partir de deux pub-brasseries et est devenue une micro-brasserie reconnue et influente. Avec les prix qu'ont obtenu un certain nombre de ses bières, elle représente un bel exemple pour la brasserie artisanale aux États-Unis. La **Sierra Nevada Pale Ale** , de couleur ambre intense, est une ale claire remarquable et la **Sierra Nevada Porter** ainsi que la **Sierra Nevada Stout** sont de grands classiques. La **Bigfoot Barleywine-Style Ale** compte parmi les bières qui remportent le plus beau succès. Avec un degré d'alcool de 11 % vol., il s'agit de la bière américaine la plus forte – elle vieillit d'ailleurs très bien en bouteille. Cette brasserie produit également la **Wheat** (non filtrée), la **Summerfest**, la **Pale Bock** et la **Celebration Ale,** très prisée.

Tabernash Brewing Company
Denver, Colorado   Fondée en 1993

Elle brasse des blanches et des lagers de style allemand : **Tabernash Weiss** (non filtrée), **Tabernash Golden** (pils), **Tabernash Amber** et **Tabernash Munich** (basée sur la Münchner Dunkel). Ses bières de saison sont la **Doppelbock**, la **Dunkel Weiss**, l'**Oktoberfest** et la **Frostbite Alt**.

Widmer Brothers Brewing Company
Portland, Oregon   Fondée en 1984

Ce pub-brasserie d'importance a produit la première blanche aux États-Unis, la **America's Original Hefeweizen**. Parmi ses produits les plus appréciés des consommateurs, citons la **Hop Jack Pale Ale**, la **Ray's Amber Lager** de style viennois, la **Big Ben Porter** aromatisée au réglisse et à la mélasse, la **Wildberry Weizen** et des bières de saison telles que **Winternacht**, **Doppelbock**, **Golden Bock**, **Sommerbräu** et **Oktoberfest**. Widmer s'est associée à Anheuser-Busch au printemps 1997 afin d'améliorer la distribution nationale de ses produits.

CANADA

Bien que Molson, la plus ancienne brasserie d'Amérique du Nord encore en activité, soit canadienne, l'industrie nationale a souffert de quinze années de prohibition (1918-1932), auxquelles a succédé une réglementation très stricte pendant des décennies, qui subsiste encore en partie, sans oublier une forte pression fiscale. Molson, Labatt et Carling ont longtemps dominé le marché; ce n'est que récemment que le nombre de brasserie s'est multiplié, avec l'émergence de brasseries artisanales, notamment en Colombie Britannique, en Ontario et au Québec. La popularité grandissante de ces petits établissements et de pubs-brasseries a d'ailleurs poussé les grands groupes à produire des bières de style artisanal telle la Labatt's Old Mick's Red ou la Molson's Rickard's Red.

Initialement, le Canada a hérité de la tradition brassicole anglaise et à l'instar de ses voisins du sud il s'est spécialisé dans les lagers à la fin du 19e siècle. Au cours du 20e siècle, l'activité s'est concentrée autour de quelques rares établissements qui ont commencé à brasser des bières plus légères et plus douces. Les micro-brasseries récemment établies marquent un retour vers les ales traditionnelles, parmi lesquelles on distingue quelques spécialités belges. Les bières produites dans l'ouest du pays présentent un caractère plus malté et plus onctueux que celles produites dans l'est. Le Canada peut d'ailleurs se targuer de posséder un style de bière tout à fait distinct, même si sa production reste restreinte. Ces ales canadiennes, connues également sous le nom de « cream ales » sont blondes dorées et douces. La bière de glace, plutôt quelconque, a également vu le jour dans la brasserie canadienne Labatt's qui l'a commercialisée pour la première fois au début des années 90.

BRASSERIE MCAUSLAN
MONTREAL, QUÉBEC   FONDÉE EN 1989

Comme c'est le cas pour beaucoup de micro-brasseries nord-américaines, McAuslan a été créée par un brasseur qui, après avoir longtemps produit de la bière à titre privé, a voulu la vendre au public. Peter McAuslan a commercialisé sa première bière en 1989 et depuis, ses ales ne cessent de gagner en reconnaissance sur le plan international. La **St. Ambroise Pale Ale** – qui doit son nom à la rue dans laquelle est installée la brasserie – est une ale rousse dorée quelque peu houblonnée mais bien équilibrée. La **St. Ambroise Oatmeal Stout** est obtenue en ajoutant des flocons d'avoine au moût; ses malts sombres et son orge grillé lui donnent une saveur à la fois de café et de chocolat. La gamme Griffon comprend la **Griffon Brown Ale**, une ale complexe couleur acajou brassée selon la tradition anglaise des ales brunes, et la **Griffon Extra Pale**, une blonde très claire. La **St. Ambroise Framboise**, une bière fruitée belge, la **McAuslan Strong Ale** et la **McAuslan**

Apricot Wheat Ale sont des bières de saison. La maison produit également depuis peu une bière servie uniquement à la pression, commercialisée sous le nom de **Cream Ale** au Québec et de **Smooth Ale** aux États-Unis.

Granville Island Brewing Company
Vancouver, Colombie Britannique   Fondée en 1984

Granville Island est une île pittoresque située au cœur de Vancouver et la brasserie qui lui a emprunté son nom s'étend sur son front de mer très animé. Il s'agit de la première micro-brasserie moderne du pays (bien

qu'elle ait été achetée ensuite par un grand groupe). Elle continue de brasser des bières artisanales de qualité dans le plus grand respect de la loi allemande sur la pureté de la bière. Son premier produit a été l'**Island Lager,** une pils claire de type munichois, rapidement suivie de la **Lord Granville Pale Ale**, une bière cuivrée légèrement plus fruitée. Pour son dixième anniversaire, cette brasserie a lancé l'**Anniversary Amber Ale**, une ale généreuse qui rappelle les rousses irlandaises. Parmi ses produits les plus originaux, citons l'**Island Bock**, riche mais onctueuse, dont la douceur des malts sombres est compensée par diverses variétés de houblon, ainsi que l'**Island Light**.

Molson Breweries
Toronto, Ontario   Fondée en 1786

Cette brasserie, la plus ancienne d'Amérique du Nord, possède une tradition plus vieille que le pays lui-même. Elle a été fondée par un immigrant anglais, John Molson, sur les bords du fleuve St Laurent. Elle a consolidé son rôle de leader en 1989 en fusionnant avec Carling O'Keefe

Brewing et produit aujourd'hui une douzaine de marques dans huit établissements différents répartis dans sept provinces – elle détient environ la moitié du marché national. En 1993, elle a également constitué une alliance avec Miller Brewing. La gamme de produits Molson se compose de lagers légères telles que la **Molson Canadian Lager**, la **Molson Export**, la **Molson Special Dry**, la **Molson Light** et la **Molson Ice**, mais aussi de la **Molson Golden** et de la **Molson Red Jack** qui sont légèrement plus savoureuses. Outre Carling, cette brasserie produit aussi d'autres marques dont font partie la **Rickard's Red**, la **Calgary Amber** 🍺 🍺, l'**Extra Old Stock Ale** 🍺, l'**O'Keefe Ale**, l'**Old Vienna** et l'**Exel NA**, sans alcool.

Wellington County Brewery
Guelph, Ontario — Fondée en 1985

Elle a été créée par un groupe d'inconditionnels de « real ale » qui avaient pour ambition d'introduire des ales de style anglais traditionnel conditionnées en fûts sur le marché canadien. Mais ce conditionnement requiert un stockage plus délicat, ce qui a freiné sa distribution au départ ; c'est pourquoi Wellington produit aujourd'hui aussi des ales standard. **Iron Duke** est une old ale anglaise robuste mais bien équilibrée – son succès vaut le surnom de « Iron Duke » au maître brasseur de Wellington. Ses deux bières originales en fût sont la **Arkell Best Bitter,** cuivrée et houblonnée, et la savoureuse **County Ale**. La **Special Pale Ale** ou SPA est légèrement plus fruitée que la Best Bitter mais plus amère que la County Ale. Cette brasserie produit aussi l'**Iron Duke Porter**, l'**Imperial Stout**, la **Black Knight ESB**, ainsi que deux lagers, la **Premium Lager** de style viennois et la **Honey Lager**.

Big Rock Brewery
Calgary, Alberta — Fondée en 1985

Elle respecte la loi bavaroise sur la pureté de la bière pour brasser ses ales traditionnelles, parmi lesquelles la **Traditionnal Ale**, de couleur cuivrée sombre, la **Warthog Ale**, la **Buzzard's Breath Ale**, plus légère, la **Grasshöpper**, une blanche cristalline, la **McNally's Extra Irish-Style Ale** 🍺 🍺, la **Magpie Rye Ale**, la **Cold Cock Porter** 🍺 🍺, la **Black Amber Ale**, une stout, et la **Big Rock Light**. Les gains dégagés lors de la vente de la **Chinook Pale Ale** et de la **Canvasback Golden Ale** servent à financer une association qui œuvre pour la protection de la nature.

Bowen Island Brewing Company
Bowen Island, Colombie Britannique — Fondée en 1994

Cette brasserie située sur une île isolée de Vancouver produit des ales britanniques filtrées telles que la **Bowen Island Blonde Ale**, brassée en partie avec du malt de froment, la **Bowen Ale**, une pale ale, et la **Bowen Island Special Bitter**. Elle brasse aussi des bières de saison : la **Winter Ale** aromatisée à la cerise et la **Harvest Ale**.

Brasserie Brasal
LaSalle, Québec — Fondée en 1989

Cette brasserie est la plus grande de la province du Québec et produit des lagers allemandes dans le respect de la loi sur la pureté de la bière. Sa gamme actuelle comprend la **Hopps Bräu**, la complexe et riche **Brasal Special Amber Lager**, la très savoureuse **Brasal Bock** et la **Brasal Légère**.

Brick Brewing Company
Waterloo, Ontario — Fondée en 1984

Dans cette région qui compte une population germanique importante et qui organise la plus grande Oktoberfest en dehors du territoire allemand, Brick Brewing produit des lagers et des ales de style européen en respectant la Reinheitsgebot de 1516 (loi allemande sur la pureté des bières). Elle fait partie des premières micro-brasseries créées au Canada et brasse l'**Amber Dry**, l'**Anniversary Bock**, la **Brick Premium Lager** et la **Brick Red Baron Ale**.

Creemore Springs Brewery
Creemore, Ontario — Fondée en 1987

Bien que cette maison ne produise que deux bières, elle jouit d'une bonne réputation locale et s'est distinguée lors de divers salons et festivals. La **Creemore Springs Premium Lager**, lancée en premier, a été rejointe presque dix ans plus tard par la **Creemore urBock**, produite en quantité limitée.

HART BREWING COMPANY
CARLETON PLACE, ONTARIO   FONDÉE EN 1991

À sa création, elle a lancé l'**Amber Ale**, de style anglais, élaborée par le gourou de la micro-brasserie, Alan Pugsley. La **Hart Cream Ale** est une blonde légère brassée dans la tradition canadienne. Cette brasserie produit aussi la **Hardy Stout**, la **Finnigan's Red**, une ale irlandaise, la **Hart Festive Brown** et la **Valley Gold**.

LABATT BREWING COMPANY
TORONTO, ONTARIO   FONDÉE EN 1847

Fondée par un immigrant irlandais du nom de John Labatt, cette brasserie est rapidement devenue un leader sur le marché national et a même survécu à la Prohibition. Aujourd'hui, la **Labatt Blue** est la bière qui se vend le mieux au Canada ; ses autres produits sont la **Labatt Genuine Draft**, la **Labatt Ice**, la **Labatt « 50 » Ale**, la **Labatt Select**, la **John Labatt Classic** et la **Labatt Extra Dry**, auxquelles s'ajoutent plusieurs marques régionales.

MOOSEHEAD BREWERIES
ST. JOHN, NEW BRUNSWICK   FONDÉE EN 1867

Il s'agit de la plus grande brasserie indépendante du pays. Elle brasse l'onctueuse **Moosehead Lager Beer**, la **Moosehead Pale Ale**, plus sèche et plus foncée, et la **Moosehead Light** – ces deux dernières sont uniquement disponibles dans les provinces maritimes du New Brunswick, de Nouvelle Écosse et dans l'île du Prince-Edouard, dans laquelle la maison commercialise aussi l'**Alpine Lager** et l'**Alpine Light**.

NIAGARA FALLS BREWING COMPANY
CHUTES DU NIAGARA, ONTARIO   FONDÉE EN 1989

Cette micro-brasserie à l'esprit d'innovation a produit la première bière de glace d'Amérique du Nord. La **Niagara Eisbock** 🍺 🍺, qui est forte et maltée, a été en partie inspirée par le eiswein local. La gamme comprend aussi la **Trapper Premium Lager**, la **Gritstone Premium Lager**, l'**Old Jack Bitter Strong Ale**, la **Brock's Extra Stout**, la **Maple Wheat** et plusieurs bières fruitées parmi lesquelles la **Cherry Kriek** et l'**Apple Ale**.

OKANAGAN SPRING BREWERY
VERNON, COLOMBIE BRITANNIQUE   FONDÉE EN 1985

Cette brasserie, qui est le plus grand établissement artisanal de la province, a été fondée par deux immigrants allemands. Elle a commencé par produire la **Premium Lager** et brasse aujourd'hui diverses ales de qualité telles que la riche **Olde English Porter**, la **Pale Ale**, la **Classic Brown Ale**, la **Spring Wheat** et la **St. Patrick's Stout**.

SLEEMAN BREWING AND MALTING COMPANY
GUELPH, ONTARIO   FONDÉE EN 1988

L'histoire de cette brasserie débute dans les années 1830 alors que la famille Sleeman fonde la Silver Creek Brewery. Elle ferme un siècle plus tard, mais les descendants de cette même famille la font renaître finalement à la fin des années 1980, profitant du mouvement de résurrection général des micro-brasseries. Aujourd'hui elle brasse la **Silver Creek Lager**, la **Sleeman Cream Ale** et la **Sleeman Original Dark**.

UNIBROUE
CHAMBLY, QUÉBEC FONDÉE EN 1990

Unibroue produit des ales de style belge en bouteille (sur lie). **Blanche de Chambly** est une witbier épicée, **Eau Bénite** une ale dorée, **La Fin du Monde** ressemble à une ale belge forte, **La Gaillarde** est une bière d'abbaye brassée selon une recette médiévale, **La Maudite** est une rousse belge, **La Quelque Chose** est une bière d'hiver aromatisée à la cerise et la **Trois Pistole** est une bière sombre et forte.

UPPER CANADA BREWING COMPANY
TORONTO, ONTARIO FONDÉE EN 1985

Cette brasserie relativement grande et ancienne à l'échelle du Canada propose une large gamme d'ales maltées et de lagers : **Colonial Stout** (qui ressemble d'ailleurs davantage à une porter qu'à une stout), **Upper Canada Pale Ale**, **Upper Canada Dark Ale**, **Publican's Special Bitter Ale**, **Point Nine Lager**, **Upper Canada Lager**, **Upper Canada Rebellion Lager**, **Upper Canada True Bock**, **Upper Canada Wheat** (filtrée).

AUTRES BRASSERIES CANADIENNES

ALLEY KAT BREWING, Edmonton, Alberta

ARCTIC BREWING COMPANY, Yellowknife, Territoires du Nord-Ouest

BEAR BREWING COMPANY, Kamloops, Colombie britannique : Black Bear Ale, Brown Bear Ale, Polar Bear Lager

BOW VALLEY BREWING COMPANY, Calgary, Alberta : Bow Valley Premium Lager, Mountain Bock

BRASSERIE PORTNEUVOISE, St. Casimir, Québec

BRASSEURS DU NORD, St. Jérôme, Québec : Blonde, Rousse, Noire

BRASSEURS GMT, Montréal, Québec : Belle Gueule

BREW BROTHERS BREWING COMPANY, Calgary, Alberta : English Style Amber Ale, Prairie Steam Ale, Black Pilsner

FLANAGAN & SONS BREWING COMPANY, Edmonton, Alberta

FORT GARRY BREWING COMPANY, Winnipeg, Manitoba

GRANITE BREWERY, Halifax, Nouvelle-Écosse (pub-brasserie) : Best Bitter, Best Bitter Special, Winter IPA, Peculiar Strong Ale, Ringwood Ale, Keefe's Irish Stout, Summer Ale

GREAT LAKES BREWING COMPANY, Toronto, Ontario : Great Lakes Lager

GREAT WESTERN BREWING COMPANY, Saskatoon, Saskatchewan

HORSESHOE BAY BREWING COMPANY, Vancouver, Colombie britannique : Horseshoe Bay Ale, Marathon Pale Ale, Nut Brown Ale, Triple Frambozen

KAWARTHA LAKES BREWING COMPANY, Peterborough, Ontario : Raspberry Wheat, Premium Pale Ale

KEITH'S BREWERY, Halifax, Nouvelle-Écosse

LAKEPORT BREWING COMPANY, Hamilton, Ontario : Around Ontario Lager, Laker Lager, Premium Lager

NORTHERN BREWERIES, Sault Ste. Marie, Ontario : Thunder Bay Lager, Thunder Bay Light, Brew 55, Edelbrau, Northern Ale

PICAROONS BREWING COMPANY, Fredericton, Nouveau Brunswick : Timber Hog Stout, Irish Red Ale

SHAFTEBURY BREWING COMPANY, Vancouver, British Columbia : Rainforest Amber Ale, Cream Ale, Honey Pale Ale

STORM BREWING COMPANY, Vancouver, Colombie britannique : Red Sky Alt Bier, Midnight Porter, Hurricane India Pale Ale

TALL SHIP ALE COMPANY, Squamish, Colombie britannique : Tall Ship Ale, Black Ship Ale, Tall Ship Raspberry Ale, Smoked Porter

THAMES VALLEY BREWING COMPANY, London, Ontario : Thames Valley Lager

TIN WHISTLE BREWING COMPANY, Penticton, Colombie britannique : Coyote Ale, Black Widow Dark, Rattlesnake ESB

VANCOUVER ISLAND BREWING COMPANY, Victoria, Colombie britannique : Victoria Lager, Piper's Pale Ale, Hermann's Bavarian Dark Lager

WHISTLER BREWING COMPANY, Whistler, Colombie britannique : Whistler's Mother Pale Ale, Whistler Premium Lager, Black Tusk Ale

CARAÏBES ET AMÉRIQUE LATINE

Les indigènes d'Amérique Centrale et d'Amérique du Sud brassaient déjà diverses formes de bières depuis des siècles quand les premiers colons européens sont arrivés et ont créé des brasseries de style européen au 16ᵉ siècle. Les Aztèques du Mexique fabriquaient par exemple une bière épaisse faite à base de maïs, auquel étaient ajoutées de la sève d'arbre et d'autres plantes pour l'arôme. Les tribus du Brésil produisaient également des bières brunes à partir de racines et de grains grillés au feu de bois. Il existe aujourd'hui une version moderne de ces bières nommée Xingu, produite par Cervejaria Cacador. Il existait aussi une autre bière sud-américaine faite à partir de grains de blé qui étaient d'abord réduits en pulpe avant d'entrer dans une cuve où ils étaient mélangés à de l'eau puis abandonnés à la fermentation.

Les conquistadores espagnols ont implanté des brasseries dans cette région du monde, mais la bière est restée une production secondaire derrière les alcools forts tels que la tequila jusqu'au 19ᵉ siècle. À cette époque, le Mexique a fait brièvement partie de l'empire autrichien et des brasseurs de ce pays et d'Europe centrale en ont profité pour y introduire des lagers. C'est la bière ambrée de style viennois qui s'est le plus imposée et aujourd'hui encore le Mexique est l'un des principaux producteurs de bière maltée de couleur plutôt foncée, même s'il s'agit d'une version un peu plus légère. Ce pays est également connu pour ses pils très légères telles que la Corona ou la Sol, servies très fraîches avec souvent une rondelle de citron vert. Ces bières très claires et peu amères ont été initialement conçues comme rafraîchissement pour les travailleurs manuels et contiennent une proportion de riz et de blé pour la rendre précisément plus accessible. L'industrie de la bière au Mexique est dominée par deux grands groupes : Cerveceria Modelo, basée à Mexico, et Moctezuma-Cuauhtémoc, basé à Monterrey. Les autres brasseries d'Amérique centrale produisent également des blondes légères alors qu'en Amérique du Sud, on trouve des bières plus traditionnelles telles que la bière noire du Brésil ou des bières brunes de style allemand.

Les lagers prédominent dans les Caraïbes mais quelques stouts reflètent l'influence exercée dans la région par l'empire britannique au 19e siècle. Les Antilles produisent ainsi de la Guiness depuis le milieu du 19e siècle. On appelle souvent stouts tropicales les bières brunes produites localement car elles sont plus sucrées et moins amères que les stouts irlandaises sèches, et contiennent également un plus fort degré d'alcool. Cette dernière caractéristique leur vaut d'ailleurs d'être considérées comme des stimulants de la virilité masculine !

CARAÏBES

DESNOES & GEDDES
KINGSTON, JAMAÏQUE

Cette brasserie produit une bière tout à fait représentative des stouts tropicales élaborées dans les régions tropicales de l'empire britannique, c'est-à-dire notamment aux Antilles et dans le Sud-Est asiatique. La **Dragon Stout** est une bière forte relativement douce caractérisée par une légère saveur maltée de chocolat. La **Red Stripe** en revanche est une blonde savoureuse et houblonnée, légèrement fruitée. Elle est également produite au Royaume-Uni par le biais de licences de fabrication.

BANKS BREWERIES
ST. MICHAEL, BARBADE

Cette brasserie de premier ordre dans la zone Caraïbes produit la **Banks Lager Beer**, une bière maltée, légèrement houblonnée, et la **Bajan Lager**, une bière légère.

AUTRES BRASSERIES CARRIBÉENNES

BRASSERIES NATIONALES D'HAÏTI, Port-au-Prince, Haïti

CARIBE DEVELOPMENT COMPANY, Port-of-Spain, Trinidad : Caribe Lager, Royal Extra Stout

CERVECERIA BOHEMIA, Saint-Domingue, République Dominicaine

CERVECERIA MODELO, Havane, Cuba

CERVECERIA NACIONAL DOMINICANA, Saint-Domingue, République Dominicaine

COMMONWEALTH BREWERY, Nassau, Bahamas : Kalik, Kalik Gold

COMPANIA CERVECERIA INTERNATIONAL, La Havane, Cuba

GRENADA BREWERIES, St. George's, Grenade

ST. VINCENT BREWERY, Kingston, Jamaïque

MEXIQUE ET AMÉRIQUE CENTRALE

CERVECERIA MODELO
MEXICO, MEXIQUE

C'est l'un des deux géants mexicain de la bière. Cette entreprise brasse des lagers qui reflètent très nettement le style viennois ambré et les brunes de style munichois. Elle propose également des bières légères qui

s'inscrivent davantage dans la tendance américaine. La brune qu'elle exporte le plus est la **Negra Modelo** , dont la couleur, contrairement à ce que suggère son nom, tient plus du brun roux que du noir. C'est une bière onctueuse à la saveur chocolatée à mi-chemin entre le goût épicé de la viennoise et la générosité de la munichoise. **Negra Leon** est un produit régional fabriqué dans la brasserie Modelo du Yucatán; elle ressemble beaucoup à la précédente mais est légèrement plus riche en houblon. C'est également Modelo qui commercialise la **Corona Extra**, légère, dorée, faite en partie avec du blé et du riz et un peu de houblon. Cette bière, qui est souvent servie avec une rondelle de citron vert, fait l'objet d'une exportation importante et est particulièrement populaire aux États-Unis.

CERVECERIA MOCTEZUMA-CUAUHTÉMOC
MONTERREY, MEXIQUE

Les brasseries de Moctezuma et de Cuauhtémoc ont fusionné pour former le plus grand groupe du Mexique sur ce marché. La populaire **Bohemia**, produite par Cuauhtémoc ressemble beaucoup aux pils de cette région européenne; elle est justement brassée avec du houblon de Saaz en

Bohême. Elle produit également la **Tecate**, plus légère. Quant aux produits de Moctezuma, on distingue **Dos Equis** , produit-phare de l'entreprise rappelant le style viennois traditionnel avec sa couleur rousse ambrée et son goût léger de malt, **Carta Blanca**, **Sol** et **Superior** qui sont toutes deux des bières légères, la deuxième étant toutefois plus savoureuse, et enfin **Noche Buena** , une bière de Noël maltée de couleur brun roux.

CERVECERIA LA CONSTANCIA
SAN SALVADOR, SALVADOR

Parmi les bières de style européen produites par cette brasserie d'Amérique centrale, citons la **Pilsner of El Salvador Export Beer**, la **Suprema Special Beer** riche en houblon, et la **Noche Buena Special Dark Beer**, brune ambrée et maltée.

AUTRES BRASSERIES D'AMÉRIQUE CENTRALE

BELIZE BREWING COMPANY, Belize City, Belize

CERVECERIA CENTROAMERICANA, Guatemala City, Guatemala

CERVECERIA COSTA RICA, San Jose, Costa Rica : Bavaria Gold

CERVECERIA DEL BARU, David, Panamá

CERVECERIA HONDUREÑA, San Pedro Sula, Honduras

CERVECERIA NACIONAL DE PANAMÁ, Panamá City, Panamá

CERVECERIA PACIFICO, Mazatlan, Mexiko : Pacifico

COMPANIA CERVECERIA DE NICARAGUA, Managua, Nicaragua

AMÉRIQUE DU SUD

CERVECERIA CACADOR
CACADOR, BRÉSIL

Cette brasserie ne produit qu'une bière mais c'est l'une des plus intéressantes et l'une des plus consommées d'Amérique Latine. Il s'agit de la **Xingu Black Beer** , de couleur noire, fabriquée d'après l'ancienne recette des indiens d'Amazonie. Elle ressemble aux bières brunes de Kulmbach en Allemagne. Cette bière est un mélange complexe de saveurs douces, caféinées et épicées. On y distingue aussi une touche de houblon.

CERVECERIA BIECKERT
BUENOS AIRES, ARGENTINE
Les bières produites dans cette brasserie révèlent une influence bohémienne et allemande. **Bieckert Pilsner Cerveza** et **Bieckert Especial** sont des bières maltées.

CERVECERIA POLAR
CARACAS, VENEZUELA
Elle produit la première bière du pays. **Polar Lager Beer** est une blonde dorée et légère au goût équilibré de houblon et de malt.

COMPANHIA CERVEJARIA BRAHMA
RIO DE JANEIRO, BRÉSIL
Cette entreprise possède plusieurs brasseries à travers le pays et commercialise la **Brahma Pilsner**, une bière houblonnée, la **Brahma Chopp Export**, une bière maltée et la Porter, une bière forte.

AUTRES BRASSERIES SUD-AMÉRICAINES

BANKS BREWING COMPANY, Georgetown, Guyane

BAVARIA, Bogota, Colombie

CERVECERIA AGUILA, Barranquilla, Colombie

CERVECERIA BACKUS & JOHNSTON, Lima, Pérou

CERVECERIA BOLIVIANA NACIONAL, La Paz, Bolivie

CERVECERIA CORDOBA, Cordoba, Argentine

CERVECERIA DEL SUR DEL PERU, Arequipa, Pérou : Cuzco

CERVECERIA NACIONAL, Caracas, Venezuela : Andes, Cardenal

CERVECERIA PARAGUAY, Asunción, Paraguay

CERVECERIA TAQUINA, Cochabamba, Bolivie

CERVECERIA Y EMBOTELLADORA AUSTRAL, Punta Arenas, Chili

CERVECERIA Y MALTERIA QUILMES, Buenos Aires, Argentine

CERVEJARIA ASTRO, Fortaleza, Brésil : Astro Lager, Astro Draught

CERVEJARIA KAISER, Sao Paulo, Brésil : Kaiser Gold

CERVEJARIAS REUNIDAS SKOL CARACU, Rio de Janeiro, Brésil

COMPANHIA ANTARCTICA PAULISTA, Sao Paulo, Brésil

COMPAÑA CERVECERIAS UNIDAS, Santiago, Chili

COMPAÑA CERVEJAS NACIONALES, Guayaquil, Équateur

FABRICA NACIONALES DE CERVEZA, Montevideo, Uruguay

CRÉDITS PHOTOGRAPHIQUES

p. 11, 13 (3), 14 (3), 20 (2), 22, 26, 28 (au centre, en bas), 29, 31, 32, 68 (2), 83 (en haut), 100, 102, 139 avec l'aimable autorisation de Hulton/Getty/Liaison Agency
p. 24 avec l'aimable autorisation de Alan Hicks et de Deschutes Brewery
p. 27 (en haut), 28 (en haut) avec l'aimable autorisation de Celis Brewing Co
p. 25, 27 (en bas) avec l'aimable autorisation de Bitburger Brauerei
p. 95 avec l'aimable autorisation de la brasserie Palm, Belgique
p. 175 (à gauche) avec l'aimable autorisation de Food-Foto, Cologne